老子的人生哲學

——自然人生

《中國人生叢書》前言

中國聖賢是一個神聖的群體。他們是思想智慧的化身，道德行為的典範，進取成功的象徵。他們或者以自己的思想學說影響歷史，並構成民族性格與靈魂；或者他們本身即親身創造歷史，留下光照千秋的業績。

但歲月流轉，時代阻隔，語言亦發生文句變化。更不用說人生代代無窮已，歷來學問家詮釋演繹聖賢學說，形成衆多門戶相左的學派，同時又相應神化聖賢事跡。於是，聖賢便高居雲端，使常人可望不可及，只能奉為神明，頂禮膜拜。

然而，消除阻隔，融滙古今，無論學問思想，或者智勇功業，如此二者常常並不是分離的，且必然是人生的，為社會人生而存在的。這就是聖賢學說、智略、勇氣、運籌、奔走、苦鬥，成功的經驗，失敗的教訓，乃至道德文章，行為風範，也體現為一種切實的人生。因為聖者賢者也是人。

這是一種存在，無須多說甚麼。但存在對每一個人並不意味著親切，也不意味著自覺。我想聖賢人生與我們這些凡夫俗子的人生加以聯繫。聖賢不正是一個凡夫俗子，經許多努力，經許多造就，才成其為聖者賢者的嗎？

當然還有一個重要方面，時世使然矣，這就是歷經漫漫千年的中古時代，又歷經憂患求索的百年近代，世界文化已在衝擊中國人的生存方式。該如何確立中國人的人生路，我總認為無論是作為一種一脈相承的文化淵源，還是作為一種精神參照與啟迪都莫如了解中國聖賢人生，莫如將我們平凡的人生從聖賢人生與學說找到佐證，找到圭臬。所謂古人不見今時月，今月曾經照古人。正是由此理解，由此思忖，我嘗試撰寫了《莊子的人生哲學》，問世以來即引起讀者的關注與歡迎。並且成為我組織一套《中國人生叢書》的直接引線。

我大致想好了，依然如《莊子的人生哲學》一樣，一書寫一聖賢人物。我還不揣譾陋，以我的《莊子的人生哲學》為範本，用一種隨筆的文體與筆調，古今結合，史論結合，聖賢人生與凡生結合，我還要求每一位作者對他所寫的聖賢人物，結合自己的人生閱歷對聖賢寫出獨特的人生體驗。我請了我的多位具卓越才識的朋友，他們都極熱心地加盟這套書的寫作，並至順利完成。

現在書將出版了，我需感謝我的朋友們，感謝出版社，希望更多的讀者喜歡他。

揚帆

一九九四年六月八日

目錄

《中國人生叢書》前言 3
目錄 7
話說老子 15
老子其人……道—人生的根基……自然—人生的境界
悖論—不用智巧才是大巧

困境與出路 31
沒有出口的山谷……推銷自己……佔有越多
快樂與享樂……飽暖生淫慾……不失其所者久
道爲何物……是「無」還是「有」？……爲人之本

自然與造作 57
什麼是自然？……自然的消失……智慧出、有大僞
歸於嬰兒……知白守黑……最高的境界
阮籍送嫂……裸體飲酒……適情任性
人類需要狂歡節

無為與有為 81
無爲≠不爲……無爲與有爲的界線……治大國，若烹小鮮

企業家的法寶……不爲而成……其政悶悶
聰明反被聰明誤……人工樹葉……三年不鳴
自知與知人　105
知人者智……朝眞暮僞何人辨？……認識你自己
只緣身在此山中……破心中賊……戰勝自我
欲壑難塡……強行者有志……懶漢無志
生命與名利　129
名的用途……名與命……求名的代價
一生虛自囚……虛名坑人……讀書不爲功名
逃名者……人爲財死……多藏必厚亡
蝜蝂的負重……貧與病的區別……王鍔散財，疏廣揮金

仕與隱　155

權勢的代價……愛權還是愛命……官癖
求官的醜態……不以窮通爲懷……孔子說窮通
兩種選擇，兩樣結局……豪傑風度……低頭一拜屠羊說
出仕與獻身……閒話退休

靜與動　185

以靜制動……以靜養智……靜如處女
蚯蚓與螃蟹……國王愚蠢不足怪……小老鼠捉弄大文豪
寧靜致遠……靜以養生……保全本性與保養生命
無欲則靜

拙與巧 209

智慧樹上的苦果……智慧常常被盜賊偷走……是最聰明還是最愚蠢
大智若愚……機關算盡太聰明……弄巧成拙
呂端大事不糊塗……有的人……柔弱不是懦弱
蠢蟲的聰明

攻與守 235

欲弱先強……欲廢先興……欲取先與
打人要先縮回拳頭……以弱勝強……兵家的正與奇
暗渡陳倉……鴿與狸……蜘蛛殺蛇

禍與福 255

無用之用……散木的啓示……失馬與落第

司馬遷受刑……禍就是福……生於憂患
大難興邦……窮才開心……幸災樂禍

生與死 277

生就是死，死就是生……生死如晝夜……生死存亡屬一體
老子之死……地球照樣轉……生前死後
莊子悼妻……漢文帝談死……應盡便須盡
青年和老年

美與醜 303

自然之美……美與無爲……有人工而無痕跡
何必珠圍翠繞……至美則醜……企者不立
明星效應……麗人行……超越醜陋
形殘神全……精神殘廢

始與終

閒話開頭……難始於易……一雙象牙筷子 329
千里之行，始於足下……跨者不行……勇氣
慎終如始……笑到最後

話說老子

長期以來，老子被人戴上了哲學家的禮帽，穿上了文人考究的長衫，嚇得那些穿粗衣短襖的老百姓不敢親近他；加之歷代喜歡咬文嚼字的學者們，把老子所說的那些一目了然的眞理弄得玄而又玄，使一般人更對他敬而遠之。如今使用「千里之行，始於足下」、「天網恢恢」、「大巧若拙」、「無爲而治」、「有無相生」、「自知之明」、「天長地久」這些名言的人雖然不少，但知道它們是出自於老子之口的人卻不多。假如我們摘下老子頭上的禮帽，脫下他身上的長衫，讓他擺脫只會說「之乎者也」的騷人墨客的糾纏，重新走到他本來很感興趣的平民百姓中間，人們一定會更容易也更樂意從他那兒吸取生活的智慧。

老子其人

老子雖然很有學問，不過他的學說以不求聞達為宗旨。

要在這兒爲老子畫一幅逼眞的肖像，實在是一件十分困難的事情。他的生平我們知道得太少，唯一可靠一點的材料就是《史記》中的老子傳，而這篇傳記不僅十分簡略，而且還含糊其辭。司馬遷一下說老子可能是與孔子同時的老萊子，一下又懷疑他是後孔子一百二十多年的太史儋。不過，司馬遷還是傾向於認爲老子是春秋末年的人，孔子還曾向他求過學。

下面關於老子的模糊肖像，只是對《史記》中老子傳的臨摹——老子出生於春秋時期楚國苦縣歷鄉曲仁里，姓李，名耳，字聃。那時楚國的苦縣就是今天河南的鹿邑縣。李耳爲什麼被稱爲「老子」呢？史無明文交待。《神仙傳》說：他在媽媽懷裡整整七十二年才出生，一落下地就是一位白髮蒼蒼的老頭了，他媽媽便把她這個老頭兒子叫「老子」。這作爲笑話來談談當然可以，但要把它作爲生平介紹那就眞要鬧「笑話」了。唐代陸德明在《經典釋文》中說：「古者，稱師爲子。」古人把老師稱爲「子」，「子」大概有點像我們今天所說的「老師」或「先生」，「老子」也許就是「老先生」的意思。至於何以把他寫的書稱爲「子書」，等一下再作交待。

老子無疑是當時的飽學之士，在周朝出任過國家藏書室的史官，這個職務相當於今日國家圖書館館長，一般都由學術界的領袖或名流擔任。

孔子會與魯國的南宮敬叔一起到周的都城，向老子請教禮的問題。臨別時老子告訴孔子說：「富貴人用錢財送人，有學問的人用言辭送人。我當然算不上富貴人，只是竊取了有學問的虛名，所以我還是用言辭為你送行吧。」他停了一會兒又說：「孔丘啊，你所要恢復的周禮，當年倡導它的人骨頭都已經爛了，周禮也失去了生命力。況且，君子時運來了就駕著車去做官，生不逢時就像蓬草一樣隨風飄轉。我聽說，善於經商的人，把貨物藏起來，好像什麼貨物也沒有；具有高尚道德的君子，容貌謙虛得像個愚笨的人。拋棄你的驕氣和過多的慾望，拋棄你做作的神態和過大的志向吧，這些東西對你沒有好處。——我要送給你的話就只這些。」

回到魯國後，孔子對他的弟子們說：「我知道鳥會飛，獸會跑，魚會游。會跑的可以挖陷阱去捕獲它，會飛的可以用箭去射殺它，會游的可以用絲線去釣它。至於龍，我就不知道該怎麼辦了，它是駕著風飛上天的。我見到的老子大概就是龍吧。」

老子雖然很有學問，不過他的學說以不求聞達為宗旨，他肯定不會像今天有些學者那樣，爲知名度不高而苦惱，更不會爲著作的署名問題，與別人上法院去打官司。

他在周的都城待的時間一長，對統治者腐敗、愚蠢、淫亂越來越厭惡，周朝日益衰微，大權逐漸落入各諸侯手中，於是他辭掉藏書史官的職務，決心一走了之，便騎著一頭青牛向西域大沙漠走去，遠離這個聲色犬馬，爾虞我詐的是非之地。

路過函谷關，關令尹喜因久聞他的大名，盛情地款待了他。老子將要離開函谷關那天，尹喜對他說：「您就要隱居了，您把那麼多的學問爛在肚子裡，多可惜。爲我們寫一本書吧，難爲您了。」關令大人的飯當然不會讓老子白吃，他死死纏著老子不放，於是老子就坐下來寫了一本《老子》。

古人並不是隨便把什麼書都稱「子書」的。只有建立了自己的思想體系，卓然成爲一家之言的著作，才配稱爲「子書」。

後人把《老子》分爲上下兩篇，上篇稱爲道經，下篇稱爲德經，因而《老子》又被尊稱爲《道德經》，把它稱爲「經」地位就更高了，當然這是道教興起以後的事。全書大約五千多字，還不及今天一個短篇小說那麼長，但它和《論語》一樣，堪稱塑造中華民族靈魂的「聖經」。

寫了這本書後就沒有人知道他的下落，有的說他活了一百六十多歲，有的說他活了兩百多歲，至於道教徒稱他長生不死，那就說得太離譜了。

道——人生的根基

天下一切生命都有自己的源頭，這個源頭就是一切生命的根基。

儘管老子反覆說「道」不可言說，但他說「道」的次數最多。《老子》第五十二章說：「天下一切生命都有自己的源頭，這個源頭就是一切生命的根基。一旦掌握了萬物的根基——母，就能認識世間的萬事萬物——子。即使已經認識了萬事萬物，已經把握了一切生命，還必須堅守著生命的根基——道。」

也許他覺得只說「道」是生命的根基太籠統太抽象，所以他又把「道」比成雌性的生殖器。爲了大家便於理解，這裡把《老子》第六章的原文引下來：

谷神不死，是謂玄牝。
玄牝之門，是謂天地根。
綿綿若存，用之不勤。

「谷」是山谷的簡稱，這兒用它形容中空的形態。「牝」是指女性的生殖器。「玄」形容一種深遠幽暗的樣子。「玄牝」是指一種深遠幽暗的女性生殖器。老子透過人類的生育來說明天地萬物的生成。人類的生育必須經過男女的結合。男性的生殖器叫「牡」。遠古每個民族都有很長的生殖器崇拜期。有的原始宗教崇拜男性生殖器，認爲天地萬物是由「牡」產生的。《老子》則以女性生殖器爲崇拜對象。大家知道，新生命都孕育於女性生殖器中。由於女性生殖器是中空的，形狀有點像四邊高中間空的山谷，所以老子用「谷」來形容它；又由於這兒的「玄牝」不是一般女性的生殖器，它永世長存而不衰老，所以又叫它「谷神」；天地萬物無不從這兒孕育而出，所以這像谷神的生殖器就是天地的根源。它綿綿不斷地存在，它的作用無窮無盡。

把道形容爲「母」或生殖器，不過是爲了形象地說明「道」是萬物的根基，不要因此而產生誤解，以爲老子的「道」像「母」和「牝」那樣可觸可感。相反，「道」並不是一種感性的存在，它並不是一種在時間和空間中存在的具體東西，它無形無聲無名，它不僅看不見聽不見，甚至無法用語言來言說，「能用語言說出來的道，就不是永恆的道」（《老子》第一章）。

「德」是「道」在現實生活中的表現。老子所說的「道德」不同於孔子的「道德」。孔子的道德強調人們行爲的倫理因素，仁義是他道德的主要內容，所以儒家把「仁義道德」並稱；而老子的「道德」與仁義是尖銳對立的：「失去了『道』以後才有『德』，失『德』以後才有『仁』，失『仁』以後才有『義』，失『義』以後才有『禮』」（《老子》第三十八章）。「仁義」是老子所說的「道」被破壞後的產物。

老子的「道」是萬物的「母」或本原，「德」則是萬物所呈現出來的道的特性。萬物由「道」而生，由「德」而長，道與德是萬物發生和發展的根據。《老子》五十一章說：「道生成萬物，德養育萬物，所以萬物沒有不尊崇道而珍貴德的」。萬物合道則昌，失道則亡，同樣，人離了道就會像樹木離了土、魚兒離了水一樣，失去了存在的根基和依據。

社會上的虛僞、奸詐、貪婪、荒淫，人類的苦難、哀傷、不幸，都是由於背離了大道的惡果。要想人類和諧安寧，要想自身幸福快樂，要想不喪失自我的本性，我們就必須重新回到「大道」上來，重新找回自己生命的根基。

自然——人生的境界

「自然」是「道」的根本特性，是老子所提倡的一種生活態度，亦是老子所推崇的一種最高的人生境界。

老子雖然把道描繪得恍兮惚兮，但它並不是不可捉摸的。道既然創造了萬事萬物，萬事萬物當然就會呈現出道的木性。什麼是道的本性呢？《老子》二十五章回答說：「道大，天大，地大，人也大。宇宙中有四大，而人是四大之一。人效法地，地效法天，天效法道，道純任自然。」

「自然」是「道」的根本特性，是他所提倡的一種生活態度，亦是他所推崇的一種最高的人生境界。

那麼，什麼是「自然」呢？老子的「自然」本來很容易理解，後來經過許多眞的和冒牌的哲學家多次解釋，到現在被攪得越來越難懂了。其實，「自然」就是自然而然，它是一種沒有人爲的天然狀態。現代一位大名人解釋「自然」說：「『自』是指自己，『然』是指這個樣子。『自然』就是自己是這個樣子，或者自己如此。」這種意義上的自然與人爲相對。

比如說，牛馬生下來就有四隻腳，它在露天吃野草飲泉水，在森林原野自由自在地奔跑遊蕩，這就是自然；而人類用轡頭套在馬頭上，用繮繩穿過牛鼻孔，又在馬腳底釘上鐵蹄，用馬廄或牛欄把它們關起來，這就是人爲，就是違反自然。落實到人類自身，「自然」就是指人的天然本性，亦即人的眞性情眞思想，這種意義上的「自然」又與虛僞做作相對。在老莊那兒「眞」與「自然」是同一個意思——「眞」的也就是「自然」的，「自然」的也同樣是「眞」的。

隨著人類文明的不斷發展，不僅大自然遭到了人爲的破壞，人類自身天然的純眞也被做作所代替，袒露眞情被認爲粗野，暴露眞思想被認爲幼稚，敷衍成了人們交往的主要手段，說謊甚至成了修養的標誌。魯迅有一篇散文《立論》，非常生動地揭示了人與人之間關係的虛僞——「一家人生了一個男孩，全家高興極了。滿月的時候，抱出來給客人看，——自然大概是想得一點好兆頭。

一個說：『這孩子將來要發財的。』，於是他得到一番感謝。

一個說：『這孩子將來要做官的。』，於是他收回幾句恭維。

一個說：『這孩子將來是要死的。』，於是他得到一頓大家合力的痛打。

說要死的必然，說富貴的說謊。但說謊的得好報，說必然的遭打。」

遠離了自然的本性，拋棄了赤子的天眞，大家還欣欣然自以爲聰明，似乎人們還沒有認識到這是自己在給自己製造災難和不幸。如果人與人之間沒有眞誠，相互的理解和同情就成了空話；如果人們彼此說謊和暗算，整個社會就成了一個大陷阱，他人也就成了自己的地獄。

「逢人不可露眞情，話到嘴邊留三分」，「到什麼地方唱什麼樣的歌，見什麼樣的人說什麼樣的話」，圓滑世故，八面玲瓏，連在自己的妻子或丈夫面前也要隨機應變，這樣活著不是太累了嗎？人們還有什麼溫暖和眞情呢？

兒童般的自然純眞狀態，常常被認爲是一種十分美好的黃金時代但人類和個人都不可能永遠是兒童。人類必然要不斷走向成熟，個人同樣要從兒童步入中年和老年。成熟和世故難道是一對難分難捨的同胞兄弟？見慣社會的險詐，經歷了人生的坎坷，難道必然就要變得僞善狡猾？難道自然就只能屬於兒童，而做作虛僞必然是成人的宿命？未必。

老子閱盡了人生的滄桑，飽嘗過雞蟲的得失，明白人世難逢開口笑，也知道社會的黑暗醜惡，但他在看慣了這一切的同時也看穿了這一切，反而覺得人們的爾虞我詐虛僞做作，既可憐又可笑，因而自己又返回到了自然純眞。悲傷時就抱頭痛哭，高興了就放聲大笑，他從兒童那種無知的天眞自然走向了超然物外的自然天眞，比起前者來，老子的這種自然應該說是一種更高更可貴的境界。

可見，世故和虛僞不見得是人類的必然歸宿，人類無疑會反璞歸眞。

怎樣才能「回到自然」呢？老子開的藥方是：要自然就必須無爲，不以主觀的慾望來破望天然，不用矯揉造作代替自己的天性，只有無爲才有自然，同時無爲的本身也就是自然，因而人們把它們合稱爲「自然無爲」。

悖論──不用智巧才是大巧

老子認為只有拋棄機巧才是大巧：「最圓滿的東西像有所欠缺，可是它的作用不會衰竭，最充實的東西好像仍舊空虛，可是他的作用不會窮盡，最正直的好像是彎曲的，最靈巧的好像是最笨拙的，最好的口才好像結結巴巴的」。

老子一生憎惡智巧，然而他卻是古今的大智者；他一生痛恨陰謀，卻又被人說成是陰謀家；他一生討厭權術，專講權術的韓非子卻向他取經；他咒罵了一生統治者，而歷代統治者卻向他討教治國的方略。你說怪不怪？一點也不怪。

老子認爲人應該取法天地自然。自然界的水流花開，鷹飛魚躍，春華秋實，這一切都不是刻意追求的結果。大自然是無意識的，但處處充滿了生機；天地並不想去實現什麼，但又樣樣都實現了。人類何不像大自然這樣以「無爲」的態度對待一切呢？處處順應自然的規律，不背離自然去追求個人目的，這樣反而能達到自己的目的──老子把這叫「無爲而無不爲」，表面上什麼都沒有做，其實什麼願望都實現了。難怪從歷代當權者到今天的企業家，都對「無為而無不為」感興趣，這也許是中國一種最特殊最神秘的管理手段。

賣弄小聰明只是自作聰明，賣弄機巧更是愚不可及，因為這樣違背了自然無為的生活態度。「大巧若拙」，以及由此引申出來的「大智若愚」，已經成了一種民族的智慧，它和「無為而無不為」一樣，是老子獨特的反向思維的典型例子。弄巧必成拙，大愚卻不愚。

當然，我們也忘不了他那「無私才能成其私」的名言。有人把自私貪婪看成機靈，把大公無私看成傻氣。他們像蠹蟲一樣為了填飽自己的肚子，寧可蛀空別人的大樑；他們為了煮熟自己一個雞蛋，寧可燒掉別人一棟房子。然而，自私者到頭來總一事無成，坑害別人最後總是坑了自己。讓我們來聽聽老子的教誨吧：人們應該效法天地自然，俗話不是常說「天長地久」嗎？天地之所以能夠長久，就是因為天地不為自己而活著，它無私地養育萬物，它不為自己生存反而得以長生。假如人能像天地一樣，處處把自己放在最後，那麼自己反而能占先；把自己的安危置之度外，生命反而能保全；正是由於自己毫不自私，反而容易達到自私的目的。因爲不把自己的利益放在前頭，就能贏得大家的尊敬和信任；時時關心別人的冷暖，就會被擁戴爲大家的首領；處處不打自己的小算盤，才能完成自己的大業（《老子》第七章）。

依據自然無爲的原則，老子爲我們留下了「貴柔」、「不爭」和「處下」的智慧。逞強鬥狠，出人頭地，鶴立雞群，現在已成爲一個人能力或成功的標誌，而在老子看來這正是個人無能和失敗的病根。花崗石看起來夠強硬的吧，最後卻被柔弱的水滴穿了；大海能成爲一切河流的領袖，就是因爲大海甘心待在一切河流的下游。大海也像我們人類一樣，老是想跑到小河的前面或上面，小河就絕不會奔向大海，大海當然也不可能成爲一切河流的中心。要想成爲萬民之上的領袖，就必須站在萬民之下；要想成爲衆人的帶路人，就必須把自己擺在衆人的後面；要想天下人都爭不贏你，你就必須不與天下人爭（《老子》第六十三章）。不用機巧的巧妙，不用智慧的智慧，使老子成爲中國大智若愚的典型。老子是一位崇尚自然詛咒智巧的先驅，而《老子》卻是一座裝滿了機巧智慧的寶庫。

困境與出路

「道」是看不見摸不著的，然而它的作用卻不窮竭；它是那樣地淵深啊，不愧為萬物的宗主。

——《老子》第四章語譯

世人都光耀自炫，唯獨我昏昏昧昧的樣子；世人都精明乖巧，唯獨我糊里糊塗；世人都有一套一套的絕招，唯獨我笨拙無能；我和世人不同，關鍵在於我重視進「道」的生活。

——《老子》二十章語譯

喪失自我於物慾，迷失本性於世俗的，就叫做本末倒置的人。

——《莊子·繕性》語譯

人類從事藝術創造、科學發明和物質生產無不爲了這個目的：使人類生活得越來越幸福。今天我們所擁有的物質和精神財富，是以往的任何時代所不能相比的，我們的物質生活水平不知比過去高多少倍，我們銀行裡有存款，家裡有高級消費品，有彩色電視，組合音響和空調，現在，我們應該問一問自己了：我們是不是也有了幸福呢？

在大多數情況下的回答是否定的，財富只是使大家變得更富裕，並沒有相應地使大家變得更幸福，相反，我們精神上仍是個窮光蛋，沒有哪個時代比今天更富裕，但也沒有哪個時代比今天更渴望和羨慕金錢。

我們把金錢看成生活的唯一目的，沒有金錢的時候追逐金錢，佔有了大量金錢以後又覺得百般無聊。煩躁、動盪、幻滅、失望、焦慮、緊張、迷惘，一直像惡夢一樣糾纏著現代人。我們的人生失去了方向，自我喪失在貪慾中，本性迷失在浮躁的世俗裡，精神生活陷入了困境。出路何在呢？問題出在哪兒呢？

沒有出口的山谷

我們自己的本性完全喪失在世俗的山谷中。我們不知不覺地在山谷裡追逐，找不到出口。

今天的物質財富和科學技術所達到的水準，古代的神話也不可比擬，童話當然也不敢想像。

神話中奔月的嫦娥只能飛到月亮上去而不能回來，我們去月亮卻像是去親戚家似的來去自如；人造衛星快要像星星一樣佈滿天空；火箭的速度比孫悟空還快；西半球發生的事東半球馬上就能看到，神話中的千里眼也會自愧不如；電子計算機代替了人腦，核能和機械能代替了人力；工廠裡流水線上的產品像江河一樣湧流；消費的水準幾年就要上一台階，家具和電器用幾年就要落伍。技術使我們無所不能，科學使我們無所不知，人快要變成神了。

然而，我們並沒有變成神，在對幸福的感受和體驗上，我們還比不上物質貧乏技術落後的古人。人類今天雖然像是無所不知，但人們對生活的目的卻茫然無知；現在人類似乎無所不能，而個人卻處處感到對生活無能爲力。一方面我們用機器征服了自然，另一方面我們自己又成了機器的犧牲品；我們創造了大量的財富，另一方面我們又淪爲財富的奴隸；人類累積了豐富的知識，另一方面我們在生活中又無所適從；我們發現了許多眞理，另一方面我們又對什麼都不相信。一個當代詩人有一首詩表現了我們今天這種六神無主的心態：

我不相信天是藍的，
我不相信雷的回聲；
我不相信夢是假的，
我不相信死無報應。

這種可怕的懷疑情緒，說明我們缺乏堅定的信念和執著的人生態度，內心深處一片空虛，人們已變成了空心人，另一個當代詩人說：

我們是一些空心人，
像是製成的標本，

我們相互靠在一起，
頭腦中填滿了草梗！

空虛的根源就在於我們失去了生命的根基，就像我們的身體被抽去了主心骨，像汽車沒有方向盤，輪船沒有裝指南針，因而不知自己前進的方向，沒有確定不移的人生目標，大家跟著潮流一起東碰西撞。即使像找終身伴侶這樣的人生大事，自己也拿不定主意，大兵吃香時就去追求大兵，大學生走俏時就去追求大學生，現在腰纏萬貫的大亨行情看漲，就趕忙去纏著大亨。有時看起來是我們自己在拿主意，自己在思考問題，其實這是一種假象，如我們去商店買一件新潮的服裝，並不是眞的覺得這種款式特別好，而是在電視廣告告訴我們說穿上它才入時才瀟灑。我們自己的本性完全喪失在世俗的山谷之中。

我們不知不覺地在山谷裡追逐，找不到出口。

推銷自己

無論是專業學習還是個性培養，我們都不是爲了獲得自我，佔有自我和實踐自我，唯一的目的是適應市場討好他人，以便將來推銷自己時更有資本更爲搶手。

隨著「鞋帽市場」、「糧食市場」、「農貨市場」等市場的興起，我們現在也有了「勞務市場」、「人才市場」。人就像鞋帽、糧食、麻油一樣，進入了商品流通領域。人在人才市場上的情形與鞋帽在鞋帽市場上的情形沒有什麼兩樣，人在本質上也是一種商品。

這一點對我們每個人的影響都很大。首先我們不自覺地把自己體驗爲商品，已經感覺和認識不到自己的價值，而只能了解自己在市場上的「交換價值」。一個人是否有價值，現在主要是看他（她）在人才市場上是不是「搶手貨」，在市場上好不好「賣」，有沒有公司爭著要他（她）。至於他（她）的情感是否豐富，有沒有健全的人格、有沒有道德水準，是不是忠厚老實（「忠厚老實」對於有些工作來說是一種必須改掉的缺點），都不是什麼重要問題，主要是你能不能為公司賺錢。

這決定了我們對職業的選擇。現在從小學時起，家長就想辦法把孩子培養成搖錢樹，孩子上專科和大學選擇專業時，也不是選那些自己最喜愛的專業，甚至絕大部分高中畢業生沒有自己的特別愛好，他們關心的是現在社會上需要什麼專業的人才。對社會有用但不能為自己賺錢的專業無人問津，文學、歷史、哲學等學科找不到第一志願的報考者。文科通常被認為是智力低下者的選擇，文科中也只是能賺錢的經濟學才走俏。總之，現代人對職業的選擇沒有自我的主動，而且無所謂選擇，只是被動地隨著市場變動，人才市場上需要什麼專業人才，大家都去學什麼專業，很少人根據自己的氣質和個性選擇專業，而是什麼專業吃香就去學什麼。

現代人也不可能眞正有自己的個性，任何屬於個人的東西都是「不合群」的污點，喜歡沈思和獨處被看成是孤僻內向，執著可能被視為缺乏靈活性，心情憂傷沈重也不能表現在臉上，否則被視爲個性憂鬱。就像商店要把門面裝潢得富麗堂皇吸引顧客一樣，每個人都得把自己「裝潢」得富有吸引力。人們按流行的標準裝得「開朗」、「樂觀」、「誠實」、「進取」、「靈活」……什麼樣的個性暢銷就把自己裝扮成什麼樣的個性。我們常稱讚一個男性說：「他是個標準的男子漢！」稱讚女性也是用「標準的東方女性」、「典型的現代女郎」等。人就像機器零件一樣，必須符合「標準」才受人歡迎。現在誰也不敢保持獨立的自我，不可能確定自己人格的支點和穩定的本質特徵，因爲大家必須不斷適應人才市場的要求，必須不斷改變自我。人們首先考慮的不是自己精神的愉快和幸福，而是關心自己的「銷路」，在這種情況下還怎麼談保持自我呢？人們儘量使自己「靈活」和「有彈性」：「你願意我怎樣我便怎樣，你喜歡什麼樣的人，我就可以成爲什麼樣的人。」人們沒有眞正的自我。

最近一個十分時髦的口號是：「學會推銷自己。」我們首先要把自己當作商品，其次又得把自己當作推銷商，自己既是自己的商人又是被自己推銷的商品，自己推銷自己。

因而，我們學習知識不是爲了實現自我的價值，而是爲了使自己具有更高的「使用價值」，提高自己的生存價值與工人提高產品質量，在本質上完全一樣，都是透過提高「使用價值」以使將來在市場贏得較好的「價格」。我們今天培養人格和個性不是爲了道德修養，更不是爲了人格和個性的自我完善，而是爲了使「自己」的個性更討人喜歡。嚴格說來，現在我們沒有「自己」的個性，那些自認爲是自己的個性，實際上是社會期望的個性，自認爲是自己的那些人格，實際上只是社會人格。

無論是專業學習還是個性培養，我們都不是爲了獲得自我、占有自我和實現自我，唯一的目的是適應市場、討好他人，以便將來自己推銷自己時更有資本，更爲搶手。

佔有越多

追逐到的財富越多，我們的心靈就越空虛，本性的喪失就越厲害，精神就越貧乏，生命的表現就越少。

我們之所以喪失自我，甘願把自己作爲商品推銷出去，有智力的出賣自己的智力，沒有智力的出賣肉體，其根源是我們想以此交換金錢物質，以滿足自己貪婪的慾望。

老子早就指出過追逐外物必然喪失自己的本性，「繽紛的色彩使人眼花撩亂，嘈雜的聲音使人聽覺失靈，豐美的食品使人舌不知味，馳馬打獵使人心發狂，貴重稀有的物品使人偷和搶。因此高尙的人只求安飽而不逐聲色，拒絕物質的誘惑而保持內心安足的生活。」（《老子》十二章）。我們今天的生活，只知拼命攢積金錢財富，只看重動物性的滿足發洩，全部身心都沈浸在財富的追逐中，都浸泡在放縱感官肉體的快樂裡面。這樣，我們追逐到的財富越多，我們的心靈就越空虛，本性的喪失就越厲害，精神就越貧乏，生命的表現就越少。

人們莫不由於對外物的貪慾而喪失本性，小人犧牲自己去求財寶，讀書人犧牲自己去求名聲，當官的犧牲自己爲了家庭，國王犧牲自己去求天下。這幾種人事業不同，名聲各異，但他們犧牲自己、喪失本性卻一樣。隱士伯夷爲了名聲好聽餓死在首陽山下，盜跖爲了金銀財寶被人打死在東陵山上，這兩人死的原因雖然是一個求名一個爲利，卻同樣殘害了生命、喪失了本性。

今天最容易使人失去自我的東西是：金、財、官、色、味。爲了口腹之樂不惜盜用公款，爲了聲色之娛可以喪心病狂，爲了金錢可以出賣肉體，爲了當官更可以出賣良心。這些人弄到了官、金、財、味、色，還以爲自己有所得，臉上浮現著一副得意的神情。其實，這與被賣掉裝在籠子裡的猴子沒有什麼兩樣，籠子裡的猴子有吃有穿，我們仍然可憐它被出賣，如今我們出賣了自己換來金錢地位，不僅不知道可憐自己，反而還飄飄然得意起來。人啊，可嘆！

快樂與享樂

快樂是精神適意、安寧、自足，享樂則從來沒有安寧和自足感。

過去人們在物質上只求安飽，按自己的本性過一種自然的生活，辦事只求心安，精神只求舒暢，心靈只求寧靜，因此他們享受著適意與快樂。

現代已經不可能有這種快樂了，我們只有享樂而沒有快樂。快樂是精神適意、安寧、自足，享樂則從來沒有安寧和自足感。如一次賺了許多錢、在酒吧間遇到了一位妖艷的女郎、中了彩券、大吃了一頓、打麻將贏了錢等等，只是自己慾望暫時的滿足。享樂需要透過不斷的刺激才能獲得，刺激一停止就感到無聊。

一個人的精神快樂並不需要榮華富貴和金錢女人，這些東西都不屬於性命本身的，眞正的快樂是從生命的本性流露出來的，它來源於自己的精神內部。享樂則來源於生命的外部，它是身外之物刺激的結果，因而，享樂常與放蕩、荒淫、墮落連在一起，享樂與墮落只有一牆之隔，甚至許多享樂本身就是墮落。

快樂的心境是自在安寧的，享樂則狂熱放縱，有時還失去了理智。得意了就徹底狂歡，失意了便垂頭喪氣，受了創傷更是失魂落魄。享樂者的心裡總得不到安寧，受到的刺激不同，他們的心情就不同：時而狂喜，時而憤怒，時而大笑，時而悲傷，時而放縱，時而怯懦，時而浮躁，時而嘆息……

快樂則可以不受外物的影響，不爲窮困而苦惱，不爲富貴而得意，這是由於快樂不是來於外物的刺激而來自心靈。它是一個人具有生活目的，人生信念和創造樂趣後的一種情感狀態，這樣，快樂又是與對人生的憧憬，對未來的希望聯繫在一起的。

相反，享樂正是缺乏生活目的，沒有人生信念，更沒有創造樂趣，享樂者認爲人生沒有什麼信念和意義可言，人生就是爲了吃喝玩樂。許多享樂者今朝有酒今朝醉，瞻望前途，不寒而慄，所以享樂背後是病態和失望。舊的刺激剛過去又得馬上尋求新的刺激，否則，享樂者就會百般無聊，顯得惶惶不安。

請問朋友，你願意要快樂還是要享樂？

飽暖生淫慾

不少人把吃穿當做人生的全部目的，把自己生命意義限制在動物的層次上。

如今我們口袋裡有了錢，餐桌上有了肉，家裡有了現代化的電器，身上穿起了高級時裝，怎麼反而失去了自我，失去了快樂呢？經濟富裕了怎麼反而精神陷入了困境呢？

這是由於我們沒有精神的支撐點，沒有生活的目的，沒有高尙的追求，歸結而言：我們失去了人生的根基。人生沒有根基，生命成了無源之水，無本之木。

人活著當然要吃肉，但不能爲吃肉而活著；人活著應該穿高級時裝，但穿高級時裝就是人生的目的？如果我們把穿和吃作爲人生的目的，那麼一旦有穿有吃以後，人生就會失去了目的，因而也就變得空虛和無聊起來。

吃穿只是人的一種生理的需要，它們是人的各種需要中最低級的需要，這種需要是人與動物共有的，可悲的是不少人把吃穿當做人生的全部目的，把自己的生命意義限制在動物的層次上，因此，當吃穿不愁以後就不可能有新的追求。「飽暖生淫慾」，既然人生的意義就是吃穿二字，那麼吃飽穿暖以後就無事可做，而人身上的能量又需要釋放出來；既然把自己生命的意義限制在動物的層次上，那麼釋放本能的方式就只能是發洩獸慾，拿著錢找情人、上妓院，由富裕走向了墮落，這在經濟發達的地區表現得尤其明顯。

有了錢，可以當慈善家，也可以當大惡棍，這就要看你的追求是高尚還是低下，看你有沒有人生的根基，有沒有自己精神的支柱了。

不失其所者久

有了人生的根基就會有人生的目的，有了人生的目的，就有主見。

「所」的本意是處所或地方，這裡引申爲根基或根本的意思。「不失掉根基就能長久」——老子這句話在今天尤其具有重要意義。

世界上的各種生物都有自己的根基，魚兒在水中愉快地游，離開了水很快就喪命；樹木在沃土裡茁壯地成長，離開了土壤就要乾枯。人的根基是什麼呢？人既是一個自然的動物，他像魚和樹一樣，離不開空氣、陽光、土壤，同時他又是社會動物，離不開精神的支柱和根基，這個支柱或根基就是老子所說的「道」。

我們正處在傳統的農業社會與現代文明社會的交接點上，傳統的人生觀受到了懷疑和動搖，而新的人生觀又沒有確立，大家失去了安身立命的基礎，找不到行爲的準則是什麼，心中全然沒有主見，思想、行爲和語言都模仿著電視廣告。

說眞的，我們常常不知道自己愛什麼、恨什麼、需要什麼、做什麼。即使像談戀愛這種純粹的個人行爲，在現代社會也被潮流化了。大家總是看到別人去做什麼自己就做什麼，我們做的許多事情不是出於個人的主動選擇，而是隨大潮流的結果。我國幾乎一年就有一個或幾個「熱」，如「出國熱」、「學歷熱」、「經商熱」、「房地產熱」、「股票熱」等等。因爲大多數情況下人們沒有明確的價值觀和人生觀，所以找不到「我應該做什麼」，而是「別人做什麼我就做什麼」、「人家怎樣我也怎樣」。沒有自己的個性，沒有自己的好惡，沒有自己的追求。我們就像水上漂浮著的浮萍，風把我們吹向哪兒就漂向哪兒，關鍵是我們沒有自己的「根」。

因此，我們的出路是努力找回自己的根基，找到自己的歸宿，找到自己的精神的支柱。有了人生的根基就會有人生的目的，有了人生的目的，就有主見，就會堅定不移地走自己的路，一舉一動就不會看別人的臉色。這樣，我們也就找回了失落的自我。

道為何物

即使已經認識了萬事萬物，已經把握了一切生命，還必須堅守著生命的根基——「道」。

老子認為：「天下一切生命都有自己的源頭，這個源頭就是一切生命的根基。一旦掌握了萬事萬物的根基——母，就能認識世間的萬事萬物——子。即使已經認識了萬事萬物，已經把握了一切生命，還必須堅守著生命的根基——『道』」（《老子》五十二章）。

無疑有人馬上就要問：那麼『道』是什麼。「按老子的思想，這種提問的方式本身就不對，「道」不是個什麼東西，也不可用語言來說明。」

有一天泰清跑去問無窮說：「你知道『道』是什麼嗎？」

無窮說：「不知道。」

泰清又去問無爲：「你知道『道』是什麼嗎？」

無爲說：「知道」。

泰清十分高興，到底有人知道「道」是什麼東西了，他迫不及待地問道：「你所知道的『道』，能用語言來具體說明一下嗎？」

無爲說：「能。我所知道的『道』，貴可以爲帝王將相，賤可以爲僕役奴隸，可以聚合爲生，可以分散爲死。」

泰淸把他聽到的東西告訴無始說：「無窮說他對道一無所知，無爲老弟卻把道說得活靈活現，這究竟誰對誰不對呢？」

無始說：「說自己不知道『道』的是深邃之士，稱自己知道『道』的是浮淺之徒，前者屬於內行，後者則冒充內行。」

聽無始這麼一說，泰淸仰起頭來感嘆道：「不知便是知，知反而爲不知，以前我怎麼知道不知就是知呢？」

無始說：「道不可聽，聽得到的就不是道；道不可見，見得到的就不是道；道不可言說，能用語言說出來的就不是道。一有人問『道』便出口回答人就不知道『道』，問道的人也不可能聽見道。道不可問，也不可答。本來不可問的卻要強去問，這是空洞無聊的問，本來不可問的卻強來回答，這種答也必定空洞無聊。以空洞的答去回應空洞的問，對外便不能觀察宇宙，對內便不能知道和體驗自身的本源。」

無始這一番話把泰淸越說越湖塗，他搖著頭一聲不響地走掉了。

「道」既不可尋問又不能言說，那叫人怎麼把握它呢？老子多次描述過它，我們還是先聽聽老子是怎麼說的：「有個渾然一體的東西，在天地形成以前就存在，聽不見它的聲音，看不見它的形狀，它的獨立生長而永不衰竭，循環運行而生生不息，可以爲天地萬物的根源。我不知道它的名字，勉強把它稱爲『道』，再勉強給它取個名字叫『大』。它廣大無邊而周流不息，周流不息而延展遼遠，

伸展遼遠而返回本源」（《老子》二十五章）

「道是那樣空曠開闊啊，像深山的幽谷；是那樣渾樸純厚啊，像混濁的水一樣；是那樣沈靜恬淡啊，像深湛的大海；是那樣飄然無蹤啊，好像沒有止境」（《老子》十五章）。

他把「道」描述得玄而又玄，叫人摸不著門徑。

是「無」還是「有」？

說「道」是「無」，行；說「道」是「有」，也行。

雖然老子認為「道」不可用語言來言說談話，但他一開始就「說」起「道」來了：「可以用語言表達出來的『道』，就不是那永恆的『道』；可以用語言說出來的『名』，就不是那永恆不變的『名』。『無』，是天地的本始；『有』，是萬物的根源。所以常從『無』中去認識『道』的奧妙，常從『有』中去觀察『道』的端倪。『無』和『有』同一來源而名稱各異，它們都可說是很幽深的。

幽深而又幽深，是一切變化的總門」（《老子》第一章）。

這一段話是我們進入老子智慧寶庫的一把鑰匙，但仍然把「道」弄得玄而又玄，要想獲得老子的智慧，看來並不是像吃冰淇淋那麼輕鬆容易。

老子說的「道」不僅在大地形成之前就存在，而且還是天地萬物的創造者。「道」生一，一生二，二生三，三生萬物，因爲「一」是「道」所生的，所以人們又把「道」稱爲「太一」。這個「太」就是「太上皇」、「太老爺」的「太」字，皇帝的父親稱爲「太上皇」，老爺的父親稱爲「老太爺」。「一」是宇宙沒有分裂時混沌的統一體，由這個統一體分裂爲兩個對立面，再由兩個對立面產生出一個新的第三者，然後又產生出世界上的萬事萬物。

既然天地的萬事萬物來於「道」。那麼「道」就是天地的開端，是萬物的根源。老子有時把「道」說成「無」，同時又把「道」稱爲「有」，說「無」是天地之始，「有」爲萬物之母，那麼，「道」究竟是「無」還是「有」呢？

其實「無」和「有」是一個東西，老子是在與我們捉迷藏，他自己也說這二者名稱雖異，來源則同。「有」是一個最概括的名詞，世界上各種不同的事物都有一個共同的性質，即：「有」，也就是存在。但是，世界上沒有一樣東西只是空洞洞的「有」而不具備其他性質，比如我們說「有××，有×××」，總不能光說「有」「有」，我們可以說「有一株柳樹」，但不能只說「有」，因爲柳樹不只是「有」或「存在」，它還是自身的本性和特點。如果只是孤零零空洞洞的「有」而不具備其他性質特徵，那就是「無」，可見，極其空洞抽象的「有」就成了「無」。

我們再回到「道」。我們到底應該怎樣稱「道」才好呢？說「道」是「無」吧，萬物又由它生長出來；說「道」是「有」吧，它又沒有任何性質和特點，叫人看不見摸不著。因而，老子有時說它是「無」，這是就「道」沒有特點、性質和形狀而言的；有時說它是「有」，這是就「道」產生萬物而言的。說「道」是「無」，行；說「道」是「有」，也行。

「道」是老子討論的中心課題，人們把他的思想稱爲「道家思想」，把他創立的學派稱爲「道家」，老子的一切思想都是由「道」演化而來的，所以在進入老子的思想寶庫之前，我們不得不弄淸「道」是「無」還是「有」這個有趣而又叫人難以捉摸的怪問題。

為人之本

「道」是萬事萬物的開端，也是為人的根本。

老子的道是那樣的虛無縹緲，不可捉摸，九重天界也不能形容它的高，九層地下也不能喻及它的深，它比天地還要久遠，比宇宙還要遼闊，它創造了萬事萬物，而萬事萬物又無不顯出「道」的特性，如一切事物總是向相反的方向轉化，生死相依，禍福相因，高下相形，動靜相對……「道」落實到現實生活之中，治國、齊家、修身、求學、養生莫不有道，它成為人類的生活方式和處世方法。

可見，「道」是萬事萬物的開端，也是為人的根本。

《老子》這本書又稱為《道德經》，上篇（第一章至第三十七章）稱為道經，下篇（第三十八章至第八十一章）為德經。當「道」落實到現實生活的層面時便是「德」，「德」是道之用也是道的顯現。「道」是指沒有滲入一絲一毫人爲的自然狀態。「德」則指雖然滲入了人爲因素，卻又返回到自然的狀態。老子所說的「道德」同儒家創始人孔子所說的「道德」不同，孔子的道德強調人們行爲的倫理因素，仁義是孔孟道德的主要內容，所以儒家把「道德仁義」並稱。老子反對儒家的「道德」說，認爲「失去『道』而活才有『德』，失去『德』而後才有仁，失去仁而後才有義，失去義而後才有禮」（《老子》三十八章）。仁義這些東西是人爲，是對道的破壞。老子的「道」是萬物的本源或因素，「德」是事物從它的「母」那兒得到的特性，老子說：「『道』生成萬物，『德』養育萬物，……所以萬物沒有不尊崇『道』而珍貴『德』的」（《老子》五十一章）。萬物由道而生，由德而長，道與德是萬物發生和發展的根據。老子道德的根本特性就是「自然」，他的「道」以「自然」爲法則（《老子》二十五章）

「自然」，是老子「道」的特性，也是他倡導的一種人生境界和生活態度。「無爲」是「自然」的延伸，一切人爲東西都不自然，要「自然」就必須「無爲」，爲人處世也應該順應自然，辦任何事情都不可憑主觀慾望胡作非爲。

「自然無爲」是老子思想的核心，他的致虛、貴柔、守靜、不爭、取活等思想，都是圍繞「自然無爲」展開的。

現在我們也以「自然無爲」爲中心，梳理歸納一下老子所倡導的人生智慧。

自然與造作

道大，天大，地大，人也大。宇宙間有四大，而人是四大之一。人取法地，地取法天，天取法道，道純任自然。

——《老子》二十五章語譯

不管是人、治國、用兵、養生，還是審美，在每一個領域老子都崇尚自然。自然生成的東西眞而且美，一經人的手就變得造作而又醜陋。隨著人類的發展和文明的推進，人爲的東西越來越多，自然的東西就越來越少了。即使是大自然也經過了人工的雕琢，至於人自身就更是如此了。我們從一個人的表情不能了解他的內心，從一個人的語言不能了解他的思想；笑不見得就高興，哭也未必就眞的悲傷；到處是言不由衷的應付敷衍，人間難得是眞情。老子說，要想人類能生活得幸福，彼此能夠眞誠相處，大家就應該重新回到嬰兒的狀態——單純、自然。

什麼是自然？

自然就是自然而然，也就是平常所說的天然，指萬事萬物沒有人為因素狀態，也就是自然與人為造作相對。

「自然」是老子所謂「道」的基本特性，因爲他說道是純任自然的，道以自然爲法則，那麼，自然指的是什麼東西呢？什麼樣的狀態才能稱爲自然呢？

自然就是自然而然，也就是平常所說的天然，指萬事萬物沒有人爲因素的狀態，也就是說自然與人爲造作相對。

河神和我們一樣分不清什麼是自然，什麼是人爲，一天他跑去問北海神：「請問什麼是自然？什麼是人爲？」

北海神打一比方說：「牛馬生下來就有四隻腳，這就叫自然。用轡頭套在馬頭上，用繮繩穿過馬鼻孔，又在馬腳底釘上鐵蹄，這就叫人爲。不要用人爲的事去毀滅自然，不要用矯揉造作去毀滅天性，不要因貪得去求名聲，謹慎地守護著自然之道，這就叫回歸到了本來的天性。」

現代文明使人樣樣都推崇人爲，樣樣都用人工代替天然。我們人爲地殺死這一類動物，又哺育出另一類動物，把湖泊改爲農田，把森林砍成光山禿嶺，把自然的生態平衡破壞掉，這一點我已得到了大自然的報復。就是人自己也不願意接受自然的安排，譬如老天已經給造就了一張臉，許多人卻偏要替自己另造一張——美容院裡不知製造了多少人間的悲喜劇。

落實到人類自身，「自然」就是指人的天然本性，也就是人的眞性情、眞思想，所以「自然」又與虛僞相對。在老莊那裡「眞」與「自然」是一個意思——眞的也就是自然的，自然的同樣也是眞的。自然是一個人性情眞誠的極至。

不管是誰，如果你不眞誠就不能動人，勉強做出來的哭泣，看起來悲痛卻不使人哀傷；佯裝火冒三丈的大怒，雖然樣子嚇人卻不使人害怕；違心地和別人親近，雖然笑容可掬卻不使人覺得可親。眞誠的悲痛，即使沒有哭聲也讓人悲傷憐憫；眞正的憤怒，即使不發火也使人覺得威嚴畏懼；眞心的相愛，哪怕沒有笑容也使人覺得和悅可親。眞性情存在於內心，神采便洋溢在臉上，這就是自然。將自然的天性用於人事，事奉父母則孝敬，對自己的祖國便忠誠。只要爲人自然眞誠，遇樂事就引吭高歌，處喪事便低頭哭泣。

自然的消失

隨著文明的發展，人類的心智日漸進化和完善自然的本性也就遠走高飛了。

倉頡是傳說中我們方塊漢字的創造者，算得上是中華文化的老祖宗，據說他創造漢字是背著蒼天偷偷摸摸做的，文字一出現老天就大爲不滿，甚至還有點惱羞成怒。

倉頡在神話傳說中被描繪得神乎其神，他從媽媽懷中一出來就聰明過人。小時候老爬在地上寫寫畫畫，長大成人便研究天地的風雲變幻，常常夜間觀察星光燦爛的天空，各星座曲折蜿蜒的形狀，觸發了他的靈感和想像力；他還探測山脈江河的走勢，察看烏龜背上的圖紋和鳥雀羽毛的文彩，最後把所有這些形象加以綜合，就創造出一種方圓扭曲的文字來。當他還沈浸在創作的喜悅之中時，突然霹雷震耳，剛才還是晴朗的天空陰雲密布，接著是狂風暴雨，這時他才明白是老天發怒了。他爲了表現自己的聰明，給人類種下了禍根。

老天擔心文字使百姓越來越機巧，因而也越來越違反自然天性。看來，文字的出現並不是個好兆頭。的確，語言文字使人類遠離了愚昧，但也使人遠離了淳樸自然；科學技術使人類變得聰明，同時也使人變得奸詐；文學藝術使人更加細膩高雅，同時也使人更加矯揉造作。

在知識未開的遠古時代，人與鳥獸同居，與萬物並聚，沒有什麼君子和小人的區分，大家都不用心思機巧，自然的本性從未離失。誰也不知道什麼叫道德，但誰也不知道去坑害對方；誰也不知道什麼是仁義，可是彼此都相親相愛；誰也不知道什麼叫守信用，但誰也不知道什麼叫說謊騙人。他們口裡含著食物一起做遊戲，挺胸露腹地到處浪遊，相互從不勾心鬥角，有難同當，有福共享，連飛禽走獸也不害怕他們，時常還牽著野獸遊玩，爬到樹上探鳥巢時鳥不驚飛。

從前的人說話辦事都是出於自己的本性，所以用不著陰謀詭計，更用不著你提防我，我提防你。可是，隨著文明的不斷發展，人類的心智日漸進化和完善，自然的本性也就遠走高飛了，於是，猜忌、陷害、誹謗、中傷、冷酷、自私、虛僞一個接一個地來到人類。再也不能從一個人的臉上看到他的內心，再也沒有那種不帶功利的友情了。

人們的舉止日益優美，行爲也有禮貌，談吐講究風雅，衣著注重華貴，裝飾追求典雅，然而，這些東西事實上成了一套套的假面具，把每一個人的眞性情包裹了起來。不會再有赤身裸體的人群，但也不會再有剖肝露膽的眞誠；不會再去穿粗麻樹皮的衣服，但也不再存在那種厚道純眞。

智慧出，有大僞

> 假如人人都能公而忘私，那麼大公無私就算不上什麼了不起的品德，社會上提倡和表彰什麼道德品質，恰恰是由於這種品質特別稀少。

總在提倡大公無私，就是因爲人們各掃門前雪，不管他人瓦上霜，假如人人都能公而忘私，那麼大公無私就算不上什麼了不起的品德。社會上提倡和表彰什麼道德品質，恰恰是由於這種品質特別稀少。所以老子說：「人們自然的天性破壞了，才去提倡仁義；智慧和奸巧出現了，才出現虛僞；家庭有了糾紛，才去看重孝慈；國家昏亂不堪的時候，所謂的忠臣義士也跟著出來了。」

馬的四蹄可以踐踏霜雪，毛可以抵禦風寒，渴了就飲水吃草，高興了就舉足而跳，這是馬的自然本性，什麼高台華屋它全不稀罕，這些東西對它也毫無用處。等到伯樂一出現，到處吹噓自己善於養馬，馬的天性便遭到了破壞。他剪馬的毛，削馬的蹄，用馬繮馬勒拴繫它，用馬槽馬廄關住後，馬便被整死了十分之二三；為了把馬馴服得聽人使喚，又訓練它，修飾它，餓它，渴它，用鞭子抽它，先有口銜鑣纓的禍患，後有皮鞭竹夾的威脅，馬接著又死掉大半。

泥匠說：「我會捏黏土，能使圓的像規，方的中矩。」木匠又站出來說：「我會削木，使彎的像鈎，直的像繩。」這樣說來，難道黏土的本性合於圓規和方矩嗎？難道樹木的本性合於鈎子和繩墨嗎？

可是，人們世世代代稱讚伯樂善於養馬，泥匠善於製作黏土，土匠善於製作木器，哪裡知道他們是在做著損傷事物本性的勾當？

在人類的黃金時代，大家都與禽獸住在一起，不知道什麼君子小人之分，他們無知無慾，按自己的本性生活。這時人的性情從不離開自然正道，要禮樂制度有什麼用呢？自然的道德沒有被廢棄，要仁義教化做什麼呢？完整的樹木如果不被砍削，怎麼能做出酒杯來？潔白的玉如果不被毀壞，怎麼會製成玉器？原木殘破了才有器具，自然本性毀壞了才講仁義。

歸於嬰兒

嬰兒一切的行為都順應事物的自然變化，不摻雜一點人為的干預。

民族的發展也像個人的發育一樣，存在幼年、青年、中年和老年的不同階段，當然，全人類的發展也存在著類似的情況。一個人在幼年的時候十分純眞，高興就大笑，不高興就大哭，愛就表示出親熱，恨就流露出厭惡，自己的天性沒有任何扭曲、壓抑和摧殘，一舉一動沒有半點虛僞做作，從內心到外表都透明澄澈。嬰兒看起來是那樣柔弱，而生命力卻很旺盛。《莊子》有一則描寫嬰兒的段落說：「嬰兒每天長時間大哭大叫，而咽喉不會沙啞，那是由於柔和之氣已到至極的緣故；嬰兒整天緊握著小拳頭，而手卻不會疲倦，那是由於這合於自然的道理；嬰兒可以長時間目不轉睛地注視一件東西，而他盯著某種東西時卻毫無意識，他的思想和情感仍然天眞無邪，對這一東西沒有任何貪婪佔有的慾望；嬰兒走路沒有明確的目的，在家裡也不知該做什麼，他的一切行爲都順應事物的自然變化，不摻雜一點人爲的干預。」

等到長大成人以後，見慣了世事的不公，經歷了人事的打擊，成熟了因而也世故了，失去了早年的幼稚，也失去了早年的那種天眞。

有一次我們一家三口去朋友家吃飯，他家的主婦熱情好客，爲我們操辦了一大桌菜餚，可惜我那位朋友和他的妻子都不善於烹調，菜的碗數雖多，有味道的卻太少。

女主人十分歉意地說：「你們隨便吃。我這位老公是個地道的書呆子，我自己更笨手笨腳，兩人都不會弄菜，你們千萬別餓著肚子回家。」

女主人說的倒是實話，滿桌的菜不僅沒有什麼味道，有些菜不是太生就是太熟，而且不少應趁熱吃的卻成了涼菜。碗碗菜不可口，我不知如何下筷子。

女主人仍在一個勁地喊吃，還把蒸得半生不熟的魚夾在我們面前：「別客氣，別放筷子，是我的菜不可口吧？」我妻子擺出一副非常眞誠的樣子說：「你做的菜很合我們的口味，爆豬肝我們也喜歡爆老一點，蒸魚我們家也從來是剛熟就吃。今天的菜我吃得最多，再塡也塡不進去了。」

其實，她並沒有動筷子。女主人又把魚肉夾在我兒子的碗裡，兒子馬上把魚肉倒回原處，說：「這些東西不好吃，一點味道也沒有。」女主人滿臉通紅。我妻子連忙解釋說：「小孩嬌慣壞了，什麼東西都說不好吃。」還隨口瞎編了一些例子，一邊又批評孩子嘴太嬌。

兒子雖然給朋友帶來了難堪，但他是怎麼想就怎麼說的，完全依自己的天性行事，從外表到內心都是透亮。我妻子當然顧全了朋友家的面子，但這是通過違心地說謊來達到的。

當今人們的交往中，敷衍和說謊成了主要手段，而且成了某種涵養的主要標誌。試想當時我妻子要是說：「這些菜一點也不好吃。」我、朋友全家都不會誇獎她為人真誠，一定會認為她精神出了毛病；而她所說的「這些菜味道都不錯」，誰都知道是敷衍和說謊，但大都覺得這樣是理所當然的。

這就是我們文明的一個重大特點：說真話的被認為幼稚，甚至被認為傻，而所謂修養就是把自己真實的思想情感隱瞞起來的技能。

於是，虛偽就可以招搖過市，直率反而畏畏縮縮地不敢出門。人與人之間沒有眞誠，人與人之間缺乏理解，因而人與人之間也不能有同情，彼此都禮貌周全地欺騙，大家都溫文爾雅地敷衍。

假如我們都能像赤子一樣地眞誠，人們的理解和溝通將多麼容易！猜忌、冷漠、暗算和訛詐就找不到市場。

假如我們都能像赤子一樣直率，虛僞和造作就會感到臉紅。

知白守黑

做人應該像白玉，不管理在什麼地方都不改變自己潔白的本性。

我們是被文明化和世俗化的人，社會和父母教會了我們許多做人之道。

當子女剛剛呀呀學語時，爸爸媽媽就要告訴他們說：「要見什麼人說什麼話」，「話到嘴邊要留三分」，「逢人不可露眞情」。

這些爲人之道即使父母不教，我們長大後也不學而會的，因爲周圍的環境逼得你非如此不可。你不「話到嘴邊留三分」，心中怎麼想嘴上就怎麼說，那你就會與周圍的人都鬧僵，吃了幾次虧自然就學了幾分乖，遇事就知道打哈哈了事。

會做人在今天的眞實涵義就是會敷衍，待人能八面玲瓏，在不同場合能隨機應變，人比變色龍不知高明多少倍。越會做人就越世故，離自然的天性就越遠。

我們怎樣才能反璞歸眞？怎樣才能找回失去已久的自然天性？

當然，人們不可能閉著眼睛生活，眼睛一睜開就能見到逢迎討好，就能見到圓滑世故，有的人用心計和陰謀一夜變富，有的人靠吹牛拍馬屁平步青雲，叫我們如何反璞，如何歸眞呢？

老子同樣也看到了這些現象，他認爲要保持自己的天性，我們就要做到雖然明知圓滑的好處，自己卻甘於誠實，雖然懂得諂媚會給自己帶來利益，自己仍然照樣挺起胸膛來做人；雖然知道在衆人面前拋頭露面會揚名四海，自己還是堅持默默地耕耘；雖然明白富貴榮華使人羨慕和尊敬，自己卻安於過一種貧賤卑微的日子；雖然也知道美味佳餚好吃，自己還是津津有味地吃粗茶淡飯。

做人應該像天空一樣，雖然有不少烏雲在它上面飄過，但雨過天晴，烏雲散盡，它仍然還是湛藍如洗，一塵不染；做人又應該像白玉，不管埋在什麼地方都不改變自己潔白的本性。

最高的境界

以自然的人生態度處世，就不難達到道家所推崇的最高人生境界

這種人不欺侮弱者，不欺侮少數，不自恃成功，不籌劃事情。如果這樣，錯過了時機不後悔，抓住機會也不得意，一切都聽從自然的安排。因而，登高不發抖，下水不怕濕，入火不覺熱。只有精神達到與自然之道相合的人才能這樣。

這樣的人睡覺時不做夢，醒來以後不發愁，飲食不講求精美，呼吸來得深沈均勻。以自然之道處世的人呼吸直通腳跟，而普通的人呼吸只用咽喉。凡是對世俗的慾望太高的人，自然的本能就退化了。

遵循自然之道的人不以生爲喜，也不以死爲惡，出生時不知道歡天喜地，要死時也不知道恐懼痛苦，無拘無束地來，瀟灑從容地離去，把人生最重大的生與死也看成自然的事情。他完全忘記了自己的來源，也不去追求自己的歸宿。任何

事情來了就欣然接受，把死亡也看成不過是重新回到自然中去。不用心智去損害自然之道，不用人爲的努力去改變天然——老莊把這種人叫做眞人。

眞人的內心無憂無慮，他的樣子安詳平靜，額頭寬大恢宏。嚴厲起來就像秋天一樣肅殺，溫和起來又像春天的來臨，喜和怒就像春夏秋冬四時運轉一樣自然，順應萬物的變化隨遇而安，沒有人知道他的胸襟有多麼寬廣。

眞人的形象魁梧挺拔，與大家都合得來卻不結黨營私，個性堅定沈著卻不固執，志向遠大卻不浮誇，神情歡暢卻不輕率，一舉一動都合乎自然之道。

眞人的內心充實而又面色可親，爲人寬厚而使人樂於歸附，精神像宇宙一樣高遠，瀟灑超脫不拘禮俗，沈默不語時好像失去了知覺，說話時又毫不用心機。

阮籍送嫂

阮籍主張做人應該誠實自然—也就是人們常說的要「返本歸眞。」

說到眞人，我們可以講講晉代的大名士阮籍。

人們創造的許多制度、禮儀、行爲規範，本來是爲人類自身服務的，後來人反而成了這些制度、禮儀、規範的奴隸，成了自己創造物的犧牲品。爲了尊重父母而提倡孝道，目的是鼓勵人們孝敬長輩，這本是一件好事。後來孝子不僅在社會上受人尊敬，到漢代還可以經由薦舉出來做官，因此許多人都希望被舉爲「孝廉」。於是，一時之間不知出了多少假孝子。有的在父母生前忤逆不孝，父母的衣食都成了大問題，父母死後倒講起孝道來了：有的幾年蓬頭垢面；有的把自己的床搬到父母墳頭，怕父母死後寂寞孤單；有的守孝期間在人前酒肉不沾，暗中則酒肉不斷，如此等等，眞是醜態百出。文化的進步使人變得文明，同時也讓人變得虛僞。

這一切，阮籍看在眼裡，特別厭惡。他主張做人應該誠實自然——也就是人們常說的要「返本歸眞」。「眞」在老子和莊子哲學中是與「自然」同一概念，兩者的意思完全相同。他的母親逝世之後，在晉文王的宴席上縱酒吃肉，司隸校尉何曾也在座。這姓何的帶兵太文弱，寫文章又太粗魯，講仁孝是他唯一的本錢，因而自然要把孝道看成他的命根子，現在阮籍公然蔑視孝道，這不是間接瞧不起他嗎？他當面對晉文公說：「明公正以孝治理天下，阮籍正守母喪，敢公然在你面前飲酒食肉，應該把他流放到荒野的地區，以整頓世風。」司馬昭在準備篡魏自立，想利用阮籍的大名來拉攏文人，他把何曾這個僞君子嗆得一鼻子灰：「阮籍自死了母親後，面容這樣憔悴，你不同情也罷，還忍心落井下石？你自己有病而吃酒吃肉，不也是於禮不合嗎？」阮籍在一旁飲酒吃肉，神色鎮定自若。其實阮籍才眞個孝子，他母親剛死時悲傷得昏了幾次，只是不願意像何曾這般人那樣，假裝不吃肉不飲酒，利用死去的父母向上爬。

古代的禮節叔嫂之間不能太接近，《曲禮》說：「嫂叔不通問」。「問」就是相互問候、致意。這種禮節實在沒有什麼道理，阮籍才不管這一套哩。他眞實地表露自己的情感。他很尊敬他的嫂子，同時對她也很親熱。每次他嫂子回娘家，阮籍總要幫她提包袱送很遠。那些禮義之士譏笑他說：「你嫂子回娘家，你送得這麼親熱做什麼？」阮籍回答說：「讓那些虛假的禮節遠離我吧！這些東西不是爲我設的。」

裸體飲酒

魏晉人用赤裸裸的裸體來嘲諷文人雅士虛假蒼白的面孔，使自己能在世人面前坦露自己的眞實面目。

正人君子的外表文質彬彬，他們用一層層面具把自己的眞實面目遮掩起來，衣服有一定的樣式和顏色，語言總有一定的分寸，舉手投足溫文爾雅，面部總裝著一種固定的表情。這種人不僅虛僞無聊，同時也毫無趣味。我們引爲驕傲的文明如果就是這般模樣，那眞是太可怕了。我們在同一條流水線上製造規格一樣的機器，我們是否也在同一種見不到的模子鑄造同一規格的人？人們說相同的話，想同樣的問題，千人一面，萬衆一心，這樣的文明將把人類的本能和創造力扼殺殆盡。

魏晉許多文人厭惡這種一本正經的正人君子，要求拋棄一切壓抑人性的禮節，讓每一個人能眞實地表現自我，高興時，就放聲大笑，痛苦時就嚎啕大哭，為了反抗禮法嘲弄傳統，他們的行爲的確驚世駭俗。

阮籍鄰居的一個少婦美艷驚人，是一家酒館的女管家，常在酒爐旁賣酒。阮籍與他的朋友王安豐有空就上她那兒飲酒，喝醉了就睡在少婦身邊。少婦的丈夫開始懷疑阮籍有什麼歪心思，仔細觀察一段時間後，見阮籍並沒有惡意，也就放心了。阮籍村裡有一位才貌雙全的姑娘，可惜還沒出嫁就死了，他與她既不是親房又沒有交往，但覺得心裡很難過，就到她家去痛哭一場才離開。

經常與阮籍一塊縱酒的劉伶，每每喝得酩酊大醉。有一天家中酒喝光了，他想酒簡直想瘋了，纏著他的妻子不放，要她去酒店爲他沽酒，妻子把酒瓶摔在地下說：「你飲得太多了，這不是自己糟踏自己嗎？從今天起非斷酒不可！」劉伶說：「太好了！我自己沒有毅力禁酒，只有求神保佑我能斷掉。現在快去辦酒肉來。」妻子聽了非常高興，連忙去買酒買肉供在神前請劉伶發誓，劉伶跪下來發誓說：「天生劉伶，以酒爲命，一飲一斗，五斗清醒，婦人之言，千萬別聽！」說完將供在神前的酒肉喝光吃盡。他飲酒時還脫光自己的衣服，赤裸裸地在廳堂裡自酌自飲。人們見後譏笑他，他回答說：「我以天地爲房屋，以房屋爲衣褲，你們幹麼跑到我褲子中呢？」

魏晉人就是用這種狂放的行爲，使自己能在世人面前袒露自己的眞實面目，他們用赤裸裸的裸體來嘲諷文人雅士虛假蒼白的面孔。

適情任性

拋開傳統束縛人的禮節、名份等，剝光自己的人格、情感和思想上的僞裝，赤裸裸地露出自我來。

嵇康是阮籍、劉伶的朋友，他提出爲人應當「越名教而任自然」的口號。「越名教」就是拋開傳統束縛人的禮節、名份等，剝光自己人格、情感和思想上的僞裝，赤裸裸地露出自我來。

他原先和「鐵哥兒」山濤常在一起飲酒，後來山濤變得俗氣世故了，投靠權貴向上爬，而且還準備拉他一起下水。嵇康聽到這消息後憤然給他寫了絕交信，說：「恐怕你一個人去出賣人格求取富貴有些害羞吧，所以才拉我下水陪著你，讓我也惹一身腥氣。」

他說自己對做官求榮毫無興趣，只想放任自己的天性，過一種自然的生活。自己性情疏頑懶惰，不喜歡受世俗禮節的拘束。頭髮和臉常常一月半月不洗，如果不是髮悶髮癢忍耐不住，是不願意去洗澡的。早晨不喜歡起早床，忍到小便在膀胱中轉動幾次快要脹出來才起床小便。他向過去的朋友講了九條不願做官的理由，其中有幾條是：自己喜歡抱著琴漫步邊唱邊彈，或者去野外釣魚射鳥，做官以後就不能隨意行動；當官要正襟危坐著辦公，腿腳坐麻了也不能起來活動，自己身上本來就多虱子，搔起癢來沒完沒了，怎麼能衣冠端正地去拜迎上司呢？自己特別不喜歡世故奸狡的俗人，而做官必然要與這些傢伙共事，看到他們成天吹牛逢迎、點頭彎腰的臭氣醜態，實在叫人噁心。

他不願意爲了權勢和榮華扭曲自己的本性，強調要像老子所說的那樣，按自己的本性生活。是否做爲一個眞的人，對待功名勢利的態度是試金石。

人類需要狂歡節

人們天天戴上意識的假面具也活得太累了，所以人類自從文明誕生之日起就離不開狂歡節。

在現實生活中我們不能眞實表現自我。見到勢利小人很少有人公開表示輕蔑，大多數情況下還得面帶微笑地和他應付敷衍；許多公事實在是討厭極了，但誰也不會拂袖而去，還得耐著性子把它做完；自己平時的沮喪失望情緒，很少在臉上表露出來，在人前人後總要裝出一副自信抖擻的樣子；自己在事業上取得了成功，更不敢在臉上露出興奮得意的神氣，否則必然招來「翹尾巴」的指責；即使是在自己的丈夫（或妻子）、情人面前，也免不了要說違心的話、表違心的態、做違心的事。在這個世界上很難見到眞實的面孔了，人們露出來的都是僞裝後虛假的「臉」。這是文明的成果。

誰也沒有覺得這有什麼不對，大家不僅默認了僞裝和說謊，而且還在不斷地鼓勵它。不信，你朝勢利小人吐唾沫看看，不僅勢利小人要與你老拳相向，旁人也會說你是「二百五」；你成功了在公開場合喊「我成功了」試一試，「淺薄」、「輕浮」、「驕傲」會一股腦兒壓在你的頭上。

在現代人的詞典中，壓抑自己的本性就叫「克制能力強」，善於僞裝就叫「有涵養」。如果叫你頭上天天戴上僞裝圈，你一定感到難受極了；同樣，人們天天戴上意識的假面具也活得太累了，所以人類自從文明誕生之日起就離不開狂歡節，酒也是伴隨著文明一起誕生的。

法國、西班牙、巴西和西方其他國家盛行狂歡節，這一天人們完全打亂日常像機械一樣的生活秩序，把長期壓抑的情緒發洩出來，撕下一本正經的假面孔，使大家暫時能恢復各自的本來面目。這時人們說話可以不講禮貌，行爲也允許有失體統，盡情盡興的狂歡，像發了瘋似地放縱。巴西等國家每年狂歡節總要死幾百人，但政府和人民寧可死幾百人也要保留這個節日，如果一年到頭不狂歡一下，那可能大家都要憋得眞的發狂。

老是躲在陰暗角落裡不見天日，這不是活受罪嗎？老是把自己的眞面目隱藏起來也叫人難受，每個人都願意露出自己的眞面目，就像每個人都喜歡陽光一樣。許都知道飲酒對健康不利，但人類離不開酒。酒後容易見眞情。三杯酒下肚就敢說平時不敢說的話，敢做平時不敢做的事情。陶淵明曾經對「酒有何好」回答別人說：酒使人「漸近自然」。

反璞歸眞，漸近自然，是人類的起點，恐怕也是我們的歸宿，總有一天人類會拋棄身上的僞裝，重新恢復那種眞純質樸的本性。

無為與有為

求學問，知識一天比一天增加；修養「道」，情慾一天比一天減少。減少再減少，最後達到「無為」的境地。如果不背離自然規律去追求人為的目的，雖然「無為」，卻沒有什麼事辦不成，這就是常言說的「無為而無不為」。得天下的不勉強去做，勉強去做的就不配也不能得天下。

——《老子》四十八章語譯

去「為」就準把事情搞壞，把持就準會失去，因此有道之士無為，所以不會失敗；不把持，所以不會失去。

——《老子》六十四章語譯

「無爲」是老子思想中的重要命題，它對中華民族思維方式和行爲方式的影響既深且遠，從皇帝到平民，從武夫到文士，從治國到用兵，從入仕到隱遁，從學富五車的騷人墨客到目不識丁的小販村夫，或直接或間接都受它的影響。有人用它治國，有人用它治兵，現在又有人用它來治企業，人們在運用它的同時也在不斷地豐富它。因而，「無爲」現在具有無數個層面的涵義，這又造成了人們對它的誤解和濫用，它不僅爲政治家、外交家、企業家們提供了智慧；也爲懶漢、游手好閒之徒和無所作爲的可憐蟲，提供了「無所事事」的藉口。

無爲≠不爲

以無爲代替有爲，事事純任自然，不要進行人爲的干預，重新恢復那種自然的和諧統一狀態。

老子生活在原始氏族社會崩潰不久的奴隸社會，原始氏族社會的習俗、風尚和傳統，在當時人們的意識中還留有清晰的印象。從原始氏族社會過渡到奴隸社會，物質文明和精神文明有了極大的發展，但隨著這種發展又出現了大量的罪惡、驚人的殘酷和無所不在的虛僞，尾隨這些東西而來的就是代表人類文明的法律、禮教、典章、制度。於是，一邊對仁義、道德、忠孝、禮義的推崇，一邊是陰謀、奸詐、虛僞、凶暴的橫行，原始社會中人與自然的統一破壞了，人與人之間的溫暖和諧消失了，道賊四起，人欲橫流。老子認爲，人類企圖滿足自己貪婪的慾望，所從事的種種違反自然的人爲活動，就是這一切罪惡現象的主要根源。消除罪惡的唯一辦法是停止人們的胡作非爲，順應自然的發展規律，以「無爲」代替「有爲」，事事純任自然，不要進行人爲的干預，重新恢復那種自然的和諧統一狀態。

自然的境界是老子所推崇的最高境界，而要達到自然之境就必須做到他所說的「無爲」，因爲人爲必定破壞了自然。不過，老子的「無爲」並不是消極地無所作爲，不是叫人們躺在沙發上什麼都不做，或者把兩手插在褲袋裡四處閒蕩，「無爲」不是主張「不爲」，恰恰相反，它反對的只是違反自然規律的妄爲，要求不以個人主觀的慾望來破壞自然的發展，所以人們常把「自然」和「無爲」連用，合稱爲「自然無爲」。只有無爲才有自然，同時無爲本身也就是自然，因而，無爲既是手段又是目的，既是一種生活態度又是一種人生境界。

用「無爲」的態度去對待一切，處處順應自然規律，輔助萬物自身的發展，不勉強用人爲的力量去干擾它，不背離自然規律去追求個人的目的，這樣反而容易實現自己的目的，使自己的願望得到滿足——這就是老子所說的「無爲而無不爲」。只要不進行人爲的干擾，那就沒有什麼事情辦不成的。

通過「無爲」來實現「無不爲」，用取消人的主觀努力的辦法來實現人生的主觀目的，這聽起來荒唐極了！但正是在這看似荒唐的言辭後面，包含著豐富而又深刻的智慧。自然中一切事物的生長都是無目的無意識的，但結果又合乎某種目的；大自然並不有意識去追求什麼，但卻無形中達到了一切。水流花開，鷹飛魚躍，這一切都是無意識的，然而又妙不可言；它們不想實現什麼，但又樣樣都實現了。

「無爲」這種消極的外表背後包蘊著積極的品格。中國歷史上常被統治者運用的「無爲而治」，就是一個明顯的例子。以「無爲」的領導方式，來達到「天下太平」的目的。每一次社會的大動亂過後，統治者怕又引起社會的震盪，不敢再胡作非爲了，就轉而向老子請教，採取「無爲而治」的方法治國。漢文帝和漢景帝父子就是以無爲的方式，造成「文景之治」的。

無爲與有爲的界線

「無為」與「有為」的分界線是看是否順應自然發展的規律。遵循、順應自然規律就是無為，把個人的主觀意志加强於自然就是「有為」。

既然「無爲≠不爲」，不是叫人們無所事事，那麼，「無爲」與「有爲」有什麼區別呢？《老子》第六十四章結尾說：「以輔萬物之自然而不敢爲」，用現在的話來說就是：輔助萬物的自然發展，但不敢「爲」。這眞把人越弄越糊塗了，「輔以萬物」不正是在「爲」嗎？怎麼又說不敢「爲」呢？一邊說正在輔助萬物，一邊又說不敢「爲」，這才叫以子之矛攻子之盾哩，「輔助」不就是「爲」嗎？

老子的「爲」是有特定涵義的，它專指那些在自然發展規律之外，用主觀意圖來擾亂自然趨勢的行爲。所謂「無爲」並不是說受到外物刺激也沒有反應，受到攻擊也不躲避和反擊，面臨困難而不想辦法克服。比如逼著馬去犁田，強迫牛去打仗，命令公雞下蛋，這就是「有爲」。至於水中行舟，陸上騎馬，因高爲山，因原爲地，這屬於老子所說的是「輔助萬物的自然發展」，屬於因自然或順從自然的範圍，不能把它們稱爲「有爲」。

「無爲」與「有爲」的分界線是看是否順應自然發展的規律。遵循、順應自然規律就是無爲，把個人的主觀意志強加於自然的就是「有爲」。

老子肯定了自然的發展變化有一定的規律，他把這種規律稱爲「常」，也就是萬變之中不變的規則。《老子》第十六章中說：「不知常，妄作，凶」。不認識自然發展的規律，背離規律輕舉妄動，胡作非爲，一定要鬧出大亂子（「凶」）的。今天我們往往憑長官意志辦事，亂伐森林造成水土大量流失，強把牧場改爲農田造成沙漠面積的急劇擴大。把湖泊填成農田又帶來生態失調。我們對大自然胡來，大自然對我們也就不客氣；我們不順應它的規律，它就讓我們嘗一嘗苦頭：風沙、乾旱、水災、污染、酸雨、缺少……現在才知道大自然的厲害，大家都在怨生存環境惡化。活該！

治大國，若烹小鮮

烹小魚而不斷翻動，翻得越勤碎得越厲害；治大國而朝令夕改，老百姓就不堪其苦。

「小鮮」即小魚。老子說：「治大國，若烹小鮮」（《老子》六十章）。治理大國就要像烹煎小魚一樣，這是為什麼呢？治大國與烹小魚有麼相似之處呢？

工匠屢次變換自己的職業，他的技藝必然不能提高，勞動者屢次變動勞動處所，他以前的勞動必然前功盡棄。一個人一天浪費半天，一天就浪費五個人的工作；一萬人每天浪費半天，十天就浪費五萬人的工作。不斷變換工作的人越多損失越大。只要國家的法令變更了，利害情況也跟著改變；利害情況改變了，民衆從事的事情也跟著變化，從事的事情有了變化，他們所從事的工作也要變動。從一般情況看：領導大衆而又不斷擾動他們，就必然不能成功；收藏貴重的器物而不斷搬遷地方，則必然多有損傷；烹小魚而不斷翻動，翻得越勤碎得越厲害；治大國而朝令夕改，老百姓就不堪其苦。對於大國來說，領導人應該清靜無爲，保持政策和法令的連續性，一切政事和民事順其自然，讓人民安靜無擾，擾民就會使國家動盪，虐政更會使國家遭殃。但是，清靜無爲又怎麼能把國家治理好呢？崔瞿曾就此請教老子：「不治理天下，怎麼能使人人向善呢？」

老子回答說：「小心別擾亂人心就是了。人心這個東西受到壓抑就消沈，受到一點激勵就高揚，心志的消沈和高揚之間，好像時而讓人上天堂時而讓人下地獄。心志可以柔化，可以剛強。一個人飽受挫折時，要麼急躁得像烈火，要麼憂恐悲傷得像寒冰。人心安穩時深沈而寧靜，躍動時浮躁而飛揚，最強傲不馴。最難對付的就是人心！」

「從前皇帝就用什麼『仁義』去擾亂人心，害得堯、舜東跑西趕，大腿上不長肉，小腿上不生毛，來供養天下的生靈，想出各種花招來滿足天下人的慾望，愁勞心思去施行仁義，苦費心思去規定法度，然而還不能討好人心，堯又把他的大臣一個個流放，重新換一批人來治國，照樣沒法把國家治好。盜賊遍天下，奸臣滿朝廷，社會上儒墨各派爭論得相持不下，人們相互猜忌、愚智相互嘲笑，好人與壞人相互指責，天下的風氣一天比一天壞。這全是妄爲攪亂了人們的心性，天下都崇尚權謀，百姓必然發生糾紛，接下來只有用武力來制裁，用典章制度來約束，用刑罰來懲處。」

「治理大國淸淨無擾，這就像去井中打水，千萬別把整口井水都攪動，攪得越厲害殘渣敗葉越多，水就越混濁。只有不動盪井水才淸潔，只有不動盪社會才太平。」

據一九八八年五月八日《光明日報》的一篇報道載，「治大國，若烹小鮮」，已被載入一九八七年美國政府的國情咨文中。看來老子的這一治國之道，已逐漸爲全世界的政治家所接受和運用。它不僅適用於古代，也適用於現代化的今天；它不僅適用於東方的文明古國，也適用於太平洋彼岸的國家。

企業家的法寶

最好的領導者時時不忘幫助下屬，但又總不讓下屬覺得離不開他。

「無爲而治」昔日被歷代帝王將相用於治國，今天又被現代的企業家們用來治廠；過去是帝王將相的南針，如今已成爲企業家的法寶。

有一家化肥廠，一九八七年全年虧損四百五十二萬元，從廠長到工人都人心渙散，老廠長天天心急如焚，到處求爹爹告奶奶忙得不可開交。新廠長上任後實行「無爲而治」，他謙虛地向老子討教，反省過去失敗的原因，發現主要的問題是過去的頭頭既當婆婆又當媽媽，經常變動廠規，工人們無所適從。他上台後決心只當導演，從旁指導、開導和引導，讓上上下下的人都成爲工廠的演員，發揮每個人的主觀能動性。廠長只是了解問題，但從不亂作指示，他把握全廠的發展方向，但從不去干涉具體的生產過程。原先是廠長管大家，現在是大家促廠長；原先是廠長「爲」而下層「無爲」，現在成了廠長「無爲」而中下層肯爲。只一年工夫就扭虧為盈，上交利稅一千萬元。他事後總結經驗時說：只有廠長無為，工人才能有為。

日本的企業家像更是慧眼識珠，他們早就對無為而治感興趣，「無為而治」的思想被廣泛應用於企業管理中，並被稱為彈性軟化管理法。日本的許多大公司、大工廠總經理辦公室裡，都貼有「無為」、「清淨」的箴言。

美國有一家貝爾實驗室，它的名字在如今世界的每一個角落裡都是響叮噹的。世界的第一台電話機、第一台電傳機、第一個通訊衛星就誕生在這裡，在現代科學的新發明中，它獨占了十來個世界第一。該所在近十年的世界性競爭中又獨領風騷，領導專業的世界潮流，它靠的是什麼取得舉世矚目的成就呢？所負責人陳煜德博士辦公室裡掛的一張條幅回答了這個問題：「無為而治」。在老子這條名言下邊還加上一條英文注釋：「最好的領導人時時不忘幫助下屬，但又總不讓下屬覺得離不開他。」陳博士在談到他的治所經驗時說：「領導人的責任是做到你在領導，但別人並不認為你在干預他；研究所是在你所設想的方向上邁進，但所裡的人又感覺不到你的存在。」這使我們想起了《老子》第十七章的名言：

「悠兮，其貴言，功成事遂，百姓皆謂『我自然』。」——最好的統治者是那麼悠閒，從來不輕率地發號施令，事情辦成功了，百姓們都說：「我們本來就是這樣的。」

我們還得再次回到「治大國，若烹小鮮」那句名言。管理一個企業、一個研究所，領導人當然要謹慎勤勉，不是要放棄對小魚的「烹調」，「烹調」是必不可少的，問題要怎樣「烹調」得更有色澤更有味道，千萬不可操之過急，更不可事事管得過細，對部下能放手時且放手，不要把一切權力都攬在手上，應盡量把權下放到基層，讓下級按實際情況處理實際事務，使領導能擺脫瑣事糾纏，能比較超然地考慮企業發展的大方向。

不爲而成

「不爲而成」——自己不盲目去做，卻能取得成功。一個人應利用適當時機辦事，依靠客觀條件立功，掌握萬物的特性並從中獲利。

春秋時晉國的趙襄子跟著王良學習駕馭車馬。王良是當時名揚宇內的御手，他教趙襄子這位貴族大人那敢不竭心盡力。他們一起先到野外駕馬車，王良很快就把駕馭技術和盤倒給他。趙襄子爲了逞能，一個人跑出去駕了幾天，好像已經掌握了駕馭馬車的本領，儼然就是個熟練的御手。

不久，趙襄子與王良舉行一次駕馭馬車的比賽。比賽一開始，趙襄子就落後了一大截，他以爲是王良的馬好些，要求與王良換馬以後再比，王良笑了笑，把自己的馬解下來套在他的馬車上，比賽又重新進行。這次趙襄子反而落後得更遠。他覺得王良換過來的馬還不如自己先前的那匹，於是他又提出要求：把馬再換回來。

王良又笑了一笑，一聲不吭地把剛才換過來的馬又換回去。第二次換完馬後比賽繼續進行。這次趙襄子簡直沒有辦法與王良比，王良駕著馬像風一樣奔去，而趙襄子的馬時快時慢，時走時停，把他急出了一身汗。這匹馬好像存心和他鬧彆扭，把他氣得直喘粗氣，報仇似地用鞭子狠抽了一頓，又要求與王良換馬，他並沒有認爲是自己的技術有問題。

王良還是笑了笑，答應了他的要求。第四次換馬後再賽，趙襄子更是慌了手腳，馬越來越不聽話，比賽實在無法再進行下去。

趙襄子是晉國的六卿之一，這次比賽中丟盡了面子，他自然十分惱火。問題明顯不是出在馬身上，而是自己的駕駛技術不到家，說不定是王良還留有幾手絕招沒有傳授給他，想到這兒，他把怒氣一股惱兒發在王良身上：「你教我駕駛馬車時，還有些技巧沒有傳給我吧？」

王良連忙解釋說：「我豈敢這樣呢？技術倒是全部授給您了，在您面前我不敢也不想保留什麼，只是你運用這些技術時有些偏差罷了。駕駛馬車中最重要的，莫過於使馬的身子穩住車子，人的注意力與馬的動作相協調，這樣馬才能跑得快，跑得遠。駕車的人萬不可老是干擾馬的動作，一時要它這樣，一時要它那樣，馬沒有辦法一個勁兒往前衝。您的問題正是出在這裡。比賽時您落在後面就想趕上我，跑在前面又擔心被我趕上，而駕著馬車賽跑，不是在前面就是落在後面，無論是前是後您的注意都集中在我身上，怎麼可能去配合馬的動作呢？駕馬車比賽跑的是馬而不是人，要讓馬去唱主角，人只能引導它而不可干擾它，你卻恰恰相反，這怎麼不落後呢？」

一個人應利用適當的時機辦事，依靠客觀條件立功，掌握萬物的特性並從中獲利，老子把這稱爲「不爲而成」——自己不盲目去做，卻能取得成功。

其政悶悶

「悶悶」和今天「苦悶」的意思不同，它是指一種寬鬆和諧的氣氛。

「其政悶悶」是老子所提倡的一種領導方法，同時也是他的一種政治理想。「悶悶」和今天「苦悶」的意思不同，它是指一種寬鬆和諧的氣氛。「其政悶悶」是指政治環境寬鬆和諧。

領導者假如能以「無為」的方式辦事，在自己所屬的單位創造一個寬鬆和諧的環境，大家能心情暢快工作，彼此能真誠相待，這樣工作熱情和工作效率都會提高。但有些公司的頭頭為了抖自己的威風，有意識地製造一種你鬥我、我整你的恐怖氣氛。有些領導好像怕本部門的「兵」不知道自己的份量，今天心血來潮訂這個條條，明日又一時興起立那個框框，時時忘不了在下屬面前顯示自己的精明能幹，給人造成一種自己把部門整治得條理分明的印象，其實背地裡人們與他疏遠，部門中大家你猜忌我，我猜忌你，人心扭不到一起去，一千個人一千條心，你想上山，他想下海，什麼事情也辦不成。

必要的紀律和規章當然不可少，但光靠紀律和規章並不能解決一切問題。西方企業家們把條條框框稱為管理的「硬件」，而把安撫職工思想情感的方法和手段稱為「軟件」。假如大家從心底想讓部門蒸蒸日上，他們就覺得這些紀律和規章是樓上的欄杆，是行路時的拐杖，會自覺地去維護它和遵守它；假如大家對部門沒有感情，對頭頭也很反感，加之頭頭們又總是喜歡出風頭，他們一定會覺得這些紀律和規章是一根根繩索，是一條條鎖鏈，是頭頭們想盡辦法整人的鬼把戲，他們時時感到受到了束縛和牽制。可以想像，人們一旦有這種對抗情緒，紀律和規章也就成爲一紙空文了。

一個高明的領導並不是要時時管住自己的下屬，更不是讓他們覺得有人老是盯著自己，相反，他既使人們團結在自己周圍，爲一個共同的目標而拼命奮鬥，又使人沒有意識到自己的存在。每個人爲公司效力不是上級的強迫，也不是出於制度的規定和要求，而是他自覺自願的行動，是一樁自自然然的事情。

老子認爲：成功的領導，下屬只知道他的存在，卻不知道他的雄才大略和卓越政績，沒有誰想到要去爲他捧場；稍次一級的領導，下屬對他的能力十分欽佩，對他的爲人品德非常感動，逢人就誇獎他，見到他就親近他；再次一級的領導，由於訂立了許多條條框框，自己又能嚴於律己，帶頭遵守這些規章制度，下屬因對他恐懼敬畏而安分工作；最差勁的領導，則是那些無才無德以服人，又喜歡無事生非地整人的那些傢伙，下屬暗地裡蔑視他和咒罵他。

最好的領導是淸淨無爲的，從不輕易發號施令，但下屬各自忠於職守，盡力把自己份內的事情辦好，等到大功告成了，人們還不知道這是頭頭的功勞，大家甚至忘了有頭頭的存在。「待到山花爛漫時，她在叢中笑。」

聰明反被聰明誤

皇帝要是炫耀自己的天才，國人都可能成為蠢才；皇帝要是吹噓自己的詩歌好，國人就只好去做文盲，如此適得其反，掩耳盜鈴、聰明反被聰明誤。

陽子居有一天對老子說：「如果一個人爲人敏捷，辦事決斷，行爲果斷，事理通達，勤奮好學，那麼，他可以成爲一個稱職的領導嗎？」

老子說：「僅僅有了這些優點並不一定能成爲一個稱職的領導人，如果他意識到這些優點而隨處濫用，反而會使自己長期陷於日常瑣事中，會因爲果斷而變得盲目，因爲敏捷而滑向輕率，會因爲通達而變得不執著，因爲勤奮而擾亂心神，無事生事，因爲聰明而被聰明所誤，聰明人做蠢事的例子還少嗎？虎豹不就是因爲它皮毛花紋的美麗而招捕殺，猿猴不是因爲敏捷而被人捉住嗎？」

陽子居還是沒有弄明白稱職的領導要具備什麼樣的條件，他又問道：「什麼樣的人才能當一個稱職的領導呢？果斷、敏捷、勤奮、聰明的人不能當，難道要找那些優柔寡斷，笨頭笨腦的人來當領導嗎？」

老子說：「你還沒有完全明白我的意思。稱職的領導有功於公司，卻把這些功看得與自己不相干；有恩於下級和平民，卻不讓別人覺得自己在依靠他；他雖然道德才能都無與倫比，但不用語言表達出來，不讓任何人感覺到，只暗暗使各人各得其所，而自己立於深不可測的地位，讓自己處於無為的狀態。」

稱職的領導不在於處處表現自己的精明能幹，遇事不放過顯示自己才能的機會，而是使自己深藏不露，讓自己的下屬各得其所，每人都覺得自己有用武之地，自覺地把公司的事當成自己的事，沒有任何領導來督促他，他自願地為了工作而廢寢忘食，這樣，下級和職工累得腰酸背痛也心情舒暢，感到自己是公司裡的主人，全然沒有被人強迫做某事的委屈。

把亮相的機會讓給下級和職工，讓他們有機會盡可能地表現自己，發揮自己的主觀能動性，這樣他們吃了苦受了累，反而認為是領導信任他，委他以重任，有一種自己的才能沒有被壓抑被埋沒的快感。實現自己的個人價值，是人們一種最高的需要，領導無爲下級才有爲，領導不表現自己的才幹，下級才能充分展示自己的才幹；領導不在公司裡出風頭，下級和職工才能在單位裡逞風流。

記住：皇帝要是炫耀自己的天才，國人就都可能成爲蠢才；皇帝要是吹噓自己的詩歌好，國人就只好去做文盲。如此適得其反。大家都不行了，一人怎麼可能眞的行呢？掩耳盜鈴，聰明反被聰明誤。

人工樹葉

刻的「樹葉」再好看也沒有生命，即使能「以假亂眞」也仍然是假的。

萬事萬物都有自己的規律，我們辦事要依據這些規律並加以引導。假如人們遵循事物自身的法則，當事物靜止時就能保持它的本性，當變動時我們就去順應它的規律，這就是我們常常說「因任自然」或「無爲」。可悲的是人類總喜歡自作聰明，存心破自然規律，憑個人主觀好惡辦事，結果反而被自然所嘲弄，甚至遭到自然的報復。

春秋時宋國有一名技藝高超的雕刻家，他為了擴大自己的影響，在國人面前顯示自己的才能，他打算為國王用象牙刻一片樹葉，花了三年時間才把它刻成。他刻的這片樹葉長短適中，厚薄合度，葉片上微微露出的筋脈、微毛和細芒，都歷歷可見，色澤光潤而鮮艷，把它放在真樹葉中也分辨不出來，真的達到了以假亂真的程度。

國王拿起這片「樹葉」左瞧瞧右看看，越看越驚奇，對那名雕刻家說：「你是我國的一大國寶，你靈巧的雙手完全能巧奪天工，你看，這片『樹葉』比從樹上天然長成的還中看。」此人因刻了這片「樹葉」的功勞，在宋國當上了大官，位至公卿。

列子聽到這件事後感嘆說：「人力再巧也不能奪天工。且不說這片雕成的『樹葉』沒有生命力，即使有生命又怎麼樣呢？假如老天也要三年才能長成一片樹葉，那天下的樹幾乎都沒有葉子了。」

不依靠自然法則提供的條件，而只憑一個人的本事；不順應自然的規律，而只信任一個人的智巧，這種以人爲意見代替自然規律的行爲，就活像用三年時間刻一片「樹葉」一樣，一定會勞而無功，刻的「樹葉」再好看也沒有生命，即使能「以假亂眞」也仍然是假的。

如果把春播的作物放在冬天下種，就是穀神也不能使它豐收；如果按季節耕種，加上成年風調雨順，就是傻瓜也會吃穿不愁。憑藉個人的力量，只根據自己的慾望爲所欲爲，神也不會有所作爲；因任自然的法則行事，個人則無爲淸淨，蠢貨也能成其大業。

三年不鳴

楚莊王平時不顯山不露水，謹愼地藏起自己的鋒芒，不讓瑣事防礙自己的長處，所以能成就大業。

楚莊公執政已經三年了，還沒有發布一次命令，沒有理過一次政事，朝廷裡的大臣一個個都非常納悶。有的人認爲莊公無政治才能，只會吃肉喝酒玩女人；

有的倒不認為莊公缺乏能力，但不知道他的葫蘆裡裝的什麼藥。不過，朝臣們有一點是共同的：對國事的擔心。

有一天，一名主管軍事的官員趁侍候在莊王旁邊的機會，用謎語暗示楚莊王說：「有一隻鳥飛到南邊的小山丘上，三年來不展翅，不飛翔，也不鳴叫，在小丘上悶著一動不動，一聲不吭，這是為什麼呀？」

楚莊王也和他打起啞謎來，回答說：「這隻鳥三年不亮翅，是為了能專心長羽毛和翅膀；不飛翔不鳴叫，是為了好細心觀察民情。雖然它現在還沒有飛動，一旦飛起就直衝雲霄；雖然它至今還沒有鳴叫，一旦叫起來就會使世人震驚。」

那名官員有些耐不住了，他不想再用謎語暗諷了，打算直來直去地進諫莊王。他正要開口說什麼，莊王先搶過話頭說：「你放心好了，一切我都明白。」

又過了半年，楚莊王親自臨朝聽政，一下子就廢除了十幾種不得民心的政令，殺了五個貪贓枉法的大臣，起用了六個在野的能人。楚國腐敗的政治歸於清明，昏庸的官吏革職貶官，經濟日益繁榮，幾年前還是亂糟糟的國政被他治得井井有條。又過兩年，陳國和鄭國向楚稱臣。齊國與楚國爭霸主慘遭失敗，晉國在黃河中游與楚爭強同樣損兵折將。楚在宋國會合諸侯，稱霸天下。

楚莊王平時不顯山不露水，謹慎地藏起自己的鋒芒，不讓瑣事妨礙自己的長處，所以能成就大業；他不炫耀自己的才能，而是在默默無聞中積累豐富的政治經驗，這就是通過「無爲」實現「有爲」。

自知與知人

能認識別人的叫做機智，能認識自己的才算高明。能戰勝別人的叫做有力，能克制自己的才算是剛強。知道滿足就是富有，能堅持才算有志。不失去根基的就能長久，身死而不被人遺忘才算真止的長壽。

——《老子》三十三章語譯

一個人要想能適應社會，既要有知人之智又要有自知之明，知人和自知是相輔相成的。對他人的了解有助於對自我的認識，反過來，對自我的認識也能幫助對他人的了解，對任何人特性的把握，總是在相互比較中完成的。

知人和自知的重要性不言自明。不能知人，我們就不能組織別人、不能團結別人，我們就辨別不了忠奸邪正，甚至交不到一個眞正的朋友，而且會認敵爲友，把奸當忠。不能自知也同樣可怕，沒有自知之明，就不能規劃自己的未來，就不能改正錯誤，就不能揚長避短，甚至不知道自己要做什麼和能做些什麼。那麼，怎樣自知知人呢？我們來聽聽老子說了些什麼。

知人者智

像我們這些小民同樣要學會識別人，要知道誰只能泛泛而交，誰可做終身知己，誰只能與他一起享富貴，誰才能一起共患難。

俗話說：「知人知面不知心」，「人心隔肚皮，鄰居隔牆脊」。可見認識一個人多麼困難。

人類進入文明社會以後，大家在公衆場合不僅要穿上看得見的外裝，把自己的裸體遮掩起來，而且還得披一層看不見的外裝，把自己的眞實思想、感情和好惡掩飾起來。文明人講究所謂修養，講究「喜怒不形於色」。這樣，一個人內心的思想情感和外表的喜怒哀樂就發生了錯位。許多人笑的時候未必眞的高興——如嫉妒心很強的人，祝賀對手在事業上飛黃騰達時那種嘻嘻的笑容；哭的時候也未必眞的痛苦——如不肖子女哭父母的亡靈，又如潘金蓮哭武大郎。

虛僞和奸詐常常手連手，遮住了人們的眞面目。

漢朝的王莽在專事以前，勤身博學，事母孝，對嫂敬，養兄遺子慈。伯父病重，莽親自爲他嘗藥煎藥，不解衣帶在病床側侍候數月，蓬頭垢面，自己弄得比病人還消瘦。伯父覺得他比自己的親兒子還孝順，臨死前向太后和皇上舉薦他，遷射聲校尉。不久，幾個叔父又上書朝廷，願分自己的戶邑以封莽，許多當朝顯貴也爲莽揄揚，快快地又被封爲新都侯，升爲騎都尉光祿大夫侍中。隨著自己官職地位的升遷，王莽越來越謙恭和藹，把自己的車馬皮衣都分給賓客，家裡和當官以前一樣淸貧節儉。一次，他的二兒子王獲殺死了一個家奴，王莽嚴厲地處罰自己的骨肉，最後強令兒子自殺。對客賓平民尙且這樣謙和尊重，對朝廷對皇上更是赤膽忠心。他的一言一行贏得了整個上流社會的稱讚，也騙取了皇上和皇后的寵信。想不到當他大權獨攬以後，王莽完全變成了另一個人：貪婪、殘忍而又奸佞，依附他的人全部升遷，忤逆他的人一概送命，最後他的野心全部暴露出來了：演出了禪讓的惡作劇。唐朝的著名詩人白居易曾大發感慨地說：

周公恐懼流言日，王莽謙恭未篡時。
向使當被身便死，一生眞僞復誰知？

可見，要認識一個人的眞面目是多麼不容易，而認識一個人的眞面目又是多麼重要！在現實生活中，不管處在什麼時候和處在什麼地位，我們總得與人打交道，每一個人都被放在複雜的關係網中，不論你自己願不願意。平民百姓不知人就要吃虧上當，當頭的知人能力更不可缺少，不能知人就不能善任，瑣屑的事務可能派給天才，重要的工作又分給笨蛋，這無疑讓事業帶來重大損失，甚至會使事業徹底失敗。諸葛亮史稱神機妙算，在知人這個問題上也有失算的時候。他的部下馬謖平時能言善辯，常常在他面前滔滔不絕地談論戰略戰術。諸葛亮錯把馬謖口中的大話，當成了他實際調兵遣將的大才。在街亭與張郃的對陣中，命令馬謖為前軍總指揮。一臨戰，馬謖不僅進退無方，還違抗諸葛亮的調度，結果蜀軍被打得四處逃竄，折兵失地，馬謖的狗尾巴全露出來了。

像諸葛亮這樣的丞相知人固然重要，就是像我們這些小民同樣要學會識別人，要能知道誰只能泛泛而交，誰可做終身知己；誰只能與他一起享富貴，誰才能一起共患難。有些人歡迎直言批評，有些人只能承受婉言相勸，如果當直言卻委婉，應委婉反而直言，一定會收到事與願違的效果。在擇朋友上如此，在擇妻子或選丈夫上亦然。不少人婚前被對方的甜言蜜語弄得如醉如痴，婚後不得不喝下自己釀造的愛情苦酒。

朝真暮偽何人辨

一個人偽裝一天兩天容易，偽裝一兩月容易，要長期偽裝得不露馬腳就困難了。

白居易有一首抒寫自己關於辨別眞僞的人生體驗，他說在歷史上，忠與奸、愚與智被人弄顚倒，把奸雄當成了聖人，把智者當成了笨蛋，詩題叫《放言》：

朝真暮偽何人辨，古往今來底事無？
但愛臧生能詐聖，可知寧子解佯愚。
草螢有耀終非火，荷露雖團豈是珠。
不取燔柴兼照乘，可憐光彩亦何殊。

「朝眞暮僞何人辨，古往今來底事無？」「底事」就是「何事」的意思。第一二句非常尖銳地問道：早晨還裝一本正經、煞有其事的樣子，到晚上卻被人戳穿是假的，古往今來什麼樣的怪事沒有出現過，但有誰能預先識眞的呢？有誰能事先從麒麟皮下發現馬腳呢？唉，僞君子從古到今都少不了，可是能辨僞的太少了。

「但愛臧生能詐聖，可知寧子解佯愚。」臧生指春秋時的臧仲武，此人足智多謀，當時人們稱他爲聖人，孔子卻一針見血地指出：臧仲武根本不是什麼聖人，而是憑自己的實力要挾君主的奸詐之徒。寧子指春秋時衛國大夫寧武子，周王朝解體後天下大亂，寧武子爲了在亂世中保全自己，經常在人前裝瘋賣傻，人們以爲他眞的是個呆傢伙，只有孔子才眞正理解他，說：「寧武子在國家太平時便聰明，在國家昏暗時便傻氣。他那聰明有人趕得上，那傻氣卻是沒人趕得上的。」臧仲武奸狡而詐聖，寧武子明智而裝呆，各自都用假像掩蓋了自己的本質。然而可悲的是，世人只愛臧仲武這樣的假聖人，卻嗤笑寧武子這樣的大智者。

「草螢有耀終非火，荷露雖團豈是珠。」草叢中的螢火蟲雖然發光，可它終究不是火；荷葉上的露珠雖然是又圓又亮，但它並不是珍珠。世間的許多事情有點像草間的螢火和荷葉上的露珠，很容易以假亂眞，蒙騙世人的耳目。

「不取燔柴兼照乘，可憐光彩亦何殊。」「燔柴」就是用柴燒出大火，「照乘」是一種貴重的明珠。假如不用燔柴大火來作比較，怎麼能判定螢火蟲的光亮不是火呢？不用照乘明珠放在露珠旁邊對比，怎麼能識別荷葉上的露珠不是明珠呢？詩人說對比是辨別眞假的重要辦法，「不怕不識貨，就怕貨比貨。」

詩人在另一首詩中告訴人們另一種辨別忠奸的辦法：讓時間去檢驗，經過一段時間的觀察，每一個人都會露出原形。詩的前半說：

贈君一法決狐疑，不用鑽龜與視蓍。
試玉要燒三日滿，辨材須得七年期。

詩中說我給人們提供一種解決疑惑的方法如果對一個人摸不準，用不著用龜甲占卜，用蓍草卜卦，讓時間去考驗他就行，眞玉燒三天也燒不壞，是不是豫章木要等它長了七年後才知底細。一個人的偽裝一天兩天容易，偽裝一月兩月容易，要長期偽裝得不露馬腳就困難了。

認識你自己

知人不易，自知更難。老子認為能識別他人只是機智，而能認識自己才算高明。

古希臘也有近似的名言：「認識你自己。」認識自我是人類永遠也不會完成的任務，直到今天，人們還一再強調「人貴有自知之明」。

有人說：我自己還能不了解自己，這不是笑話嗎？「如人飲水，冷暖自知」。其實，問題絕不那麼簡單。僅就才能這一項來說，許多庸人卻以天才自居，狂妄自大，不安於平凡的工作崗位；天才反而自輕自賤，悲觀畏縮，壓抑和埋沒了自己潛在的優勢。有些傑出的天才甚至長期被自卑所困擾。俄羅斯大文豪屠格涅夫，在出版《獵人筆記》之前，一直懷疑自己的文學才華，幾次準備放棄文學創作。奧地利哲學家維特根斯坦，寫出了令人驚嘆的不朽之作《邏輯哲學導論》後，仍然覺得自己缺乏哲學才能，一天半夜他去敲羅素的房門，失望地問這位英國的大哲學家說：「我是不是白痴？我能不能從事哲學事業？」有許多科學研究到了關鍵時刻，因科研承擔者對自己才能缺乏自信導致半途而廢。

當然，人們更多的是被自傲所害，我們往往高看了自己的長處。如今這個世界上，很少有人滿足自己的地位和財富，但很少人不滿意自己的才能。

還有，我們總是一眼就能看到別人臉上的瘡疤，很難注意自己臉上的瘢點。

戰國時期，楚莊王準備出兵攻打越國，杜子進諫說：「聽說大王準備攻打越國，這有什麼特別原因嗎？」

莊王回答說：「因爲現在越國的政治很腐敗，兵力也很弱。」

杜子說：「也許是我自己太愚蠢了，我眞爲你攻打越國的事放心不下。智慧就像人的眼睛一樣，能淸楚地看見百步之外的東西，反而看不見自己的眼睫毛。大王的軍隊前不久被秦國和晉國打得慘敗，喪失國土幾百里，這不是已經表明我們的兵力也不強嗎？國內到處是百姓造反，貪官污吏多如牛毛，大王多次想辦廉政建設就是不能實行，我們楚國的政治腐敗混亂，至少和越國不相上下。不淸楚自己的兵弱政敵，倒想著發兵去攻打越國，這樣的智慧正如眼睛一樣，看不見自己的睫毛啊。」楚莊王經杜子這麼一說，才意識到問題的嚴重性，立即打消了攻打越國的念頭。

只緣身在此山中

我們自己看不清自己的主要原因，就和身在廬山反而看不清廬山眞面目是一個道理。

做人難不僅難在要能認清別人，更難在能清楚自己。怎樣才能既不盲目驕傲又不妄自菲薄呢？這就需要我們進行廣泛的社會交往，人也和任何事物一樣，是在相互比較中獲得對自己的正確認識。如有人談到自己的能力時說：「比上不足，比下有餘。」這一認識就是通過比較得來的。同時，更重要的是要進行廣泛的社會實踐，在實踐中不斷豐富和修正對自己的認識。我小時候很想當一名跳高運動員，天性好動，喜歡蹦蹦跳跳，上初一後，一次體育老師教我們跳高，這時我才發現自己不是跳高的料子，愛蹦蹦跳跳並不等於有跳高的才能，我的彈跳力和爆發力都不行。如果我不到操場上去跳幾次，只在房裡空想當跳高運動員，那我可能很長時間還蒙在鼓裡。

俗話說：「旁觀者清，當事者迷。」蘇東坡在《題西林壁》一詩中也說：

橫看成嶺側成峰，遠近高低各不同。

不識廬山真面目，只緣身在此山中。

我們自己看不清自己的主要原因，就和身在廬山反而看不清廬山眞面目是一個道理。要使自己對自我有自知之明，還得讓自己跳出自我的小圈子，站在旁觀者的立場來分析和評價自己。孔夫子稱他每天反省自己三次。反省就是自己把自己作爲對象進行審視，該自己成爲自己的審判官。魯迅先生也曾說過：「我有時解剖別人，但常常更嚴格地解析自己。」這樣才能對自己有清醒的認識。

有自知之明的人爲人處事都有主見，聽到別人吹捧不會飄飄然，受到別人的打擊也不至於垂頭喪氣。

破心中賊

因為成就一番事業，首先就得「破心中賊」，要破心中賊，就得有克制自己的能力。

認識自我不是目的，認識自我是爲了超越自我。

老子與我們對人生世事的看法常常相反。「強」這個字眼一般是送給那些在激烈競爭中勝利者，如：拳王、擊劍能手、摔跤大王，被大家捧爲「強者」。老子看法是：「能夠戰勝別人的只能叫有力，而能夠戰勝自己的才算強者。」

照老子看來，上面那些金牌得主只能說是「有力」，而「強者」這頂桂冠只能戴在那些戰勝了自己的人頭上。

這樣說來，我本人就不足個強者。高中時養成了抽煙的惡習，現在一天到晚都呑雲吐霧。妻子懷孕時醫生就警告我：要少或完全不在家中抽煙，我也知道抽煙不僅害了自己，害了妻子，更害了將要出生的後代，於是下決心戒絕這種習慣。禁煙的頭幾天還算是禁住了，一想抽煙就去吃糖果，幾天後實在憋得慌，去買了包煙在鼻孔邊嗅了嗅，煙癮一來口水和淚水一齊流，沒辦法，我偷偷跑到外面去點一支煙抽了幾口。一開禁就不可收拾了，嘴邊又開始吞雲吐霧。妻子反對我抽煙的態度很強硬，並且已經嚴正聲明：在要老婆還是要香煙二者之間，我只能選擇一種。從結婚到現在我已禁過六次煙了，而且最近又決定再禁一次。

古人說：「破山中賊易，破心中賊難」，實在有道理。每個人都有自己不健康的情感，不良的生活習慣，甚至還有一些見不得人的慾望。如果成了這些情感、慾望、習慣的俘虜，我們就會變得放蕩、荒淫、自私、貪婪、怯懦、粗野，那樣，什麼壞事和醜事都做得出來，我們就成了披著人皮的野獸，任何一件有價值的工作也辦不好。因爲成就一番事業，首先就得「破心中賊」，要破心中賊，就得有克制自己的能力。

就學習彈鋼琴來說吧。從鋼琴上彈奏出來的樂調實在妙不可言，但學習彈鋼琴卻枯燥無味。有一個音樂家特地寫了一首鋼琴曲，表現練習鋼琴的單調無聊。在琴鍵上練習各個指頭的力量，翻來覆去彈奏同一支樂曲，許多人都忍受不了這種單調的動作，最後就半途中止了練習。沒有自我克制的能力，絕對成不了鋼琴演奏家。

跳水的情形也一樣。我們觀看運動員在跳台上跳水的姿勢優美極了，但跳水運動員練習跳水卻單調極了。要想成爲跳水名將，就得忍受單調重複的練習動作。巴賽隆那的奧運會上，有一個跳水冠軍接受了一名美國記者的採訪。記者問他說：「你很喜歡跳水運動吧？」他回答叫人大吃一驚：「不，我最討厭跳水，平時我每天在水中泡七個小時，我現在一見到水就煩，但爲了事業我又不得不去跳水池，我仍堅持每天泡七個小時。」

這實在是一瀉無餘地道盡了成人不自在，自在不成人的道理。成人立業沒有不斷地「破心中賊」的意志實在不成！

戰勝自我

我們平時所說的做自我批評，就是用超我、自我來戰勝本我，把卑鄙的念頭和衝動壓下去。

有個叫佛洛依德的心裡學家，長期研究人的心理結構，他認爲人的心理結構由三個部分組成：本我、自我和超我。本我就是本能慾望，充滿著慾望的強烈衝動，一味尋求滿足和快樂。自我代表性和常識，它按現實世界的實際情況行事，主要是控制和壓抑本我的無理要求。如果說本我是一匹野馬，那麼自我就是這匹野馬的騎手。超我是心理中高尚的道德意識，是人們常常所說的良知一類的東西，它代表心理中存在的理想因素。在心理結構中，自我與超我常常聯合起來同本我鬥爭，不讓本我那些無理的慾望得到滿足。平時我們說自己這段時間心裡很矛盾，其實就是自我與本我進行較量。每個人都有些可鄙的慾望，誰都想尋求快樂，但多數情況下這些慾望被壓制了，如嚴寒的冬天早晨賴在被窩裡無疑比起早床舒服些，但許多人仍堅持黎明即起。在異性問題上喜新厭舊恐怕是種普遍傾向，也可以說是每個人的本能，年青貌美的姑娘和風華正茂的小伙子，肯定比黃臉大娘和駝背老漢吸引人些，但大部分伉儷仍然白頭到老，難捨難分。這是因爲心中自我和超我占了上風，制止了本我胡作非爲的衝動。有的人是人倫典範，高尚無私，主要是由於心理結構中超我的力量很強，另一些人成了流氓地痞主要也是由於他們從聽從本我貪慾的支配，最後像動物那樣爲所欲爲。

我們平時所說的做自我批評，就是用超我、自我來戰勝本我，把卑鄙的念頭和衝動壓下去。現在我們來看一則戰勝自我的故事——子夏有一天去拜訪曾子，他們曾一起在孔子門下讀書，過去同窗時關係很要好。曾子一見子夏就說：「老兄，幾年不見，你看起來發福多了。」

子夏回答說：「我自己戰勝了自己，所以長胖了。」

曾子大惑不解地問道：「你的話我一點也不明白。」

子夏說：「以前我在書房裡讀到那些描寫聖賢的高風亮節就非常敬仰，出門看到別人享受榮華富貴又很羨慕，既想做一個品行高尚的君子，又想貪圖眼前的利祿富貴。這兩種力量在心裡相持不下，長期又分勝負，所以人越來越消瘦。現在聖賢的道德戰勝了享受的要求，崇高鎮住了卑劣，見到別人大把大把花錢也不眼紅，心裡感到非常平靜，生活清貧也很快樂，這樣下去怎麼會不胖呢？」

慾壑難填

現代人對金錢的渴求也是慾壑難填，幾乎還沒有人說過不想要錢了。天下的錢是掙不完的，貪心也永遠難以滿足，在精神上總是很貧乏。

現在大家都想生活得瀟灑，但如果口袋裡一文不名，連舞廳和餐廳都不能光顧一下，別人家裡已有組合音響，自己家中連台收音機也買不起，窮得處處捉襟見肘，叫人又如何瀟灑得起來呢？要想瀟灑就得口袋裡有錢，因而，錢的數量決定著瀟灑的程度。

於是，人們就拼命地追逐金錢，像得了消渴症的病人，不管飲了多少水還是覺得口渴，現代人對金錢的渴求也是慾壑難填，幾乎還沒有人說過不想要錢了。

天下的錢是掙不完的，貪心也永遠難以滿足，在精神上總是很貧乏。常言道：「知足者常樂」，不知足的人當然就瀟灑不起來。

通過掙錢來滿足人生的慾望，這是現代人尋求幸福的途徑，可是慾望是一種永不知足的衝動，這種慾望滿足了，又會產生新的更大的慾望。我國有個寓言故事，說一個漁夫一次在海邊釣起了一條樣子特別的魚，這條魚告訴他說，只要他把自己放回海裡，他要什麼東西都會得到滿足。漁夫說只要自己和妻子有一幢小房子就行。魚對他說你回家去看看吧，你妻子已經住在房子裡哩。漁夫回家一看，妻子果然坐在房了門口。他向妻子說明事情的經過，妻子罵他太死心眼兒了，應該向魚要一幢樓房。當魚滿足了她的這一要求後，她又要求有一座宮，有了宮殿後又要求有侍女和衛兵，有了這些，她還不知足，竟然要求那條魚來侍侯自己。一個漁人妻子的胃口竟然這麼大！

老子說「知道滿足就是富有。」因爲知足就不覺得還缺什麼，而覺得不欠缺什麼就是富裕。我國古代有個隱士叫榮啓期，窮得九十歲還沒有一條腰帶，用野麻搓一條繩子繫腰，但他照樣從容瀟灑地彈琴。孔子的學生原憲的衣服東補一塊西補一塊，腳上的鞋也是前後穿了窟窿，可他仍然悠閒地唱歌。古希臘哲學家拉爾修，笑窩一直掛在臉上，他完全沒有什麼享受的慾望，當他看見一個小孩在河邊用雙手捧水喝，喝得甜滋滋的樣子，他乾脆把自己僅有的一個飯碗也扔了。

不去慾就不會知足，一個過於貪婪的人永不會滿足，就像上面說到的那位漁夫妻子那樣，時時處在渴求和痛苦之中。腰纏萬貫的富翁可能還是若有所失，僅能免於飢寒的人也可能覺得樣樣不缺。從心裡感受來說，眞富不一定要錢多，只要知足就綽然富裕了。

強行者有志

能至死不渝地追求下去，不向困難和命運低頭，一定能使美夢成眞。立志不易強行更難。

「強行」就是勉勵自己堅持把一件事做到底的能力。我們都曾有志向，有人想當航海家，有人想當數學家，有人想當農技師……但能將早年願望付諸實現者寥寥無幾。有的是由於客觀環境不允許，有的是由於主觀期望過高，但大部分人是由於沒有堅持做到底的毅力，最後使壯志成空。老子認爲：「只有那些堅持不懈地追求下去的人，才稱得上有志。」

「櫻桃好吃樹難栽」，要想把任何事情做好，都會遇到阻力和困難。認定目標就要走下去，不管前面會有什麼艱難險阻。每一個在事業上有成就的人，都經歷過挫折和失敗。在失敗的時候不要氣餒，要有面對困難和失敗的勇氣，同時又積極尋求克服困難的辦法，避免下次犯同樣的錯誤。

對事業的執著是堅持下去的內在動力。孔子在春秋末期想「克己復禮」，他主張一開始就不受歡迎，諸侯們忙著爭取奪利，小民們忙自己的一日三餐，誰還對他說得天花亂墜的「周禮」感興趣呢？大王公卿根本不知道「克己」爲何物，老百姓不得不當牛做馬，「克己」對上層和下層都毫無意義。這位老夫子在自己的魯國兩次被驅逐出境，在衛國受到不准入境的恥辱，在陳國和蔡國遭受圍攻，在商周餓得東倒西歪。他當然明白自己的理想不合潮流，但仍然堅持四處遊說。他爲人的座右銘是：「知其不可而爲之」——明明知道不能成功，但還是要堅持下去。孔子想復辟周禮雖然有點迂闊，但他的思想後來成了中華民族文化的代表，與老莊思想一道，塑造了中華民族的民族品格。

英國的偉大詩人彌爾頓，最傑出的詩作是在雙眼失明後完成的；德國的偉大音樂家貝多芬，最傑出的樂章都創作於聽力喪失以後。能至死不渝地追求下去，不向困難和命運低頭，一定能使美夢成眞。立志不易，強行更難。

懶漢無志

培養自己的克制力和意志，與發展自己的智力同樣重要。

俄國十九世紀的著名小說家岡察洛夫，他最著名的長篇小說是《奧勃洛莫夫》。書名就是書中主人的名字。他稟性寬宏善良，也聰明敏感，對藝術和文學都有興趣，並且還多少帶有點兒童的天眞，對於天下的罪惡深惡痛絕。可惜他的意志特別薄弱，他是個擁有五百個農奴的地主，小時在家裡嬌生慣養，大學畢業後混跡官場，覺得應付上司是件令人頭痛的事，就撒手不做了，閒居在聖彼得堡的公寓裡。他每天都有新計劃，但每天什麼事也不想做。早晨起來穿好衣服，照鏡子，躺在沙發上抽煙，腦袋裡裝有許多增進農奴福利的計劃，但這些計劃總是胎死腹中，他連把它們寫在紙上的毅力都沒有，種種措施隨便想想就丟開，更不要說將他付諸實現了。出門散步成了他最大的負擔，連坐起來穿拖鞋也萬分不高興，最少得費一兩點鐘猶豫。他公寓的主人想重新裝修房子，搬家對他簡直是一大災難。他整天悶在家裡與那些名爲朋友實爲食客的人聊聊天，抽抽雪茄，似水的流年就像這樣的一日日消磨過去了。後來一個單純天眞的姑娘見了這麼一個聰明善良的男子漢埋在小房子裡，就想用愛情來激盪起他生命勇氣，使他的一生有一番作爲。他們雙雙眞的墮入了情網，大家都難捨難分，但是他一想到假如與她結婚就得去鄉下料理一些瑣事，心裡就害怕極了，他寧可拋棄愛情也不能不待在房裡，不能不躺在沙發上，他們分手了。連火辣辣的愛情也撞不出一點生命的火花，可見奧勃洛莫夫的自制力是多麼差。後來他與房東的女兒結婚了，結婚的原因倒不是他愛她，而是他覺得這樣方便——可以不下樓。沒多久他因太缺少運動而死於腦充血。一個人的惰性竟然這樣深，想來眞叫人不寒而慄。

一個人首先要認識自我，但認識自我並不是最終目的，認識到自己劣根性以後，就要根除自己的劣根性，認識自我就是爲了戰勝自我。

培養自己的克制力和意志，與發展自己的智力同樣重要。如果沒有強迫自己做完一件事情的自制力，那麼任何理想都不能實現，不管你有多麼聰明。

老子說：「自制者強」、「強行者有志」，的確是千古不滅的至理，值得我們三思，以避免奧勃洛莫夫的悲劇重演。

生命與名利

名聲和生命比起來，哪一樣與人關係密切些？生命和財貨比起來，哪一樣對人更重要？得到名利與丟掉性命，哪一樣對人更有害？

過分好名必定要付出慘重的代價，過分積財必定招來重大的損失。

知道滿足就不致於受到屈辱，知道適可而止就不會遇到危險，只有這樣生命才可以長存。

——《老子》四十四章語譯

人們常常說：「人生在世，就是圖個名。」名聲被誇大為生命的最終目的，至於「人為財死」更被許多人視為理所當然了。我們很少冷靜地想一想：名利和生命哪一樣對我更重要？我們求名利的目的是什麼？有些人沽名釣譽不擇手段，有些為了發財而喪盡天良，到頭來，沽名釣譽之徒聲名狼籍，見錢眼開之輩一貧如洗，輕則鋃鐺入獄，重則一命嗚呼。

我們是一群社會動物。既然是「動物」，就離不開物質必需品；既然是「社會的」，就必然有人對我們進行正面或反面的評價。名利對人到底有什麼價值呢？我們應當怎樣對待名利呢？

名的用途

名既可以與錢聯姻也可以與權結拜兄弟。這實際是名的號名力與欺騙性。

漢語中「聲價」這個詞大概是由「聲譽」和「價值」集合而成的。把「聲」和「價」連起來用，眞是既有趣也有理。一個人在社會上的聲譽與他個人的價值的確難解難分：名氣越大地位就越高，許多名人靠名氣就能賺錢，名歌星一首歌就值幾萬或幾十萬，普通人幾年甚至一輩子也掙不回來。

多少歌星和影星、小說家和詩人，昨天還是聲價百倍的明星，今日就成了一文不值的賣唱者；前不久還是暢銷書作家，轉眼就成了製造文字垃圾的寫字匠。知名度的高低儼然就是一個人價值的大小。於是，「名」好像就等於「命」。

古人也不比我們傻，他們早就發現了「名」的價值，《列子》中有這樣一段對話——楊朱到魯國旅遊，夜晚在一個姓孟的人家借宿。幾句寒暄客套就把主人與客人的距離接近了，很快他們二人就侃侃而談了。姓孟的問楊朱說：「老老實實做人就行了，要名聲做什麼呢？」

楊朱回答說：「靠名聲來發財致富。」

「有些人已經夠富了，為什麼還要求名呢？」

「用名聲來謀求高貴的地位。」

姓孟的仍然不明白，他又問道：「有些人地位已經很顯貴了，為什麼還要汲汲求名呢？」

「為了死後能留名萬世。」

越說姓孟的越糊塗：「人都已經死了，還要名聲有什麼用呢？留不留名棺中死屍聽得見嗎？」

「留名為了子孫後代。」

「啊。」

看來古今沒有什麼兩樣，名聲能給自己帶來財富和地位，還能給子孫後代造福。有名就有錢有勢且不說，單看看有多少紈絝子弟，憑有一個大名鼎鼎的爸爸或媽媽，就可以四處招搖撞騙，動不動還出國留洋哩。

名既可以與錢聯姻，也可以與權結拜兄弟。這實際是名的號召力與欺騙性。

名與命

由於名和命在世俗眼中是等價的，所以有人為了沽名而不擇手段，有人為了虛名而寧可得災禍，有人為了佔有虛名而寧願失去自我。

名聲能帶來這麼多世俗的好處，難怪那麼多人去追求它了。事實上在許多人眼中，個人的名與命是等量等價的，名越高價值就越大，名越高說話就越響。

人眞是一種健忘的動物，連「名不副實」這個成語也記不住。一個人的名氣與他的價值相稱的情況固然不少，而名實不副的例子也很多。大白菜在晴天只一角錢一斤，到雨雪天就可能暴漲到一斤一元。商品的價格與價值尚且不能完全一致，個人的名氣與個人的價值就更難相符。當人們喜歡民族唱法時，民歌手自然走紅；當大家追求時髦的流行唱法時，通俗歌手又開始走俏。

東晉詩人陶淵明，詩風質樸淳厚，現在人們將他與屈原、李白、杜甫並列，當是中國第一流的大詩人，但他在生前幾乎沒有詩名。他的朋友顏延之是當時詩壇領袖，在悼念他的祭文裡，好像不知道陶淵明寫過詩似的，只一味稱讚他的人品高尚，沒有一句話恭維他的詩做得好。那時人們的審美趣味，崇尚華而不實的濃艷，不能欣賞陶淵明的純樸，有點像大亨的千金小姐只愛珠光寶氣，覺得自然美太寒酸。陶淵明的名氣比不上同輩中入時的三流詩人。

把一個人的名氣與一個人的價值劃上等號，眞是荒謬而又危險。

由於名和命在世俗眼中是等價的，所以有人爲了沽名而不擇手段，有人爲了虛名而寧可得災禍，有人爲了占有虛名而寧願失去自我。

看重虛名是產生虛僞的溫床。逆子在雙親死後，當著衆人的面哭得像個淚人；蕩婦在自己丈夫和衆人面前，裝得比烈女還要貞潔。

好名又是許多人生悲劇的禍根。有一女孩與一個大學畢業的醫生相愛近兩年，她的那位出生於鄉下的男朋友工作積極上進，爲人也能幹誠實，對女友更是一往情深。他的身高雖只有一米六八，但女孩打心眼裡喜歡他。可是，一天女孩帶他去參加過去高中同學的聚會時，姐妹們暗地裡笑她找了個二等殘廢，還把這個「鄉下佬」好好捉弄了一番。女孩儘管覺得和他在一起心裡踏實，儘管還像過去一樣愛他，但覺得他的身高在公眾場合有點「上不了檯面」，狠一狠心和他拜拜了。後來找了個高大英俊的男子，以前嘲笑她的老同學無不欽佩她的「手眼高」。她明明知道這位小生徒有其表，追求異性的能耐幹勁比他工作的能耐幹勁大得多，但爲了在姐妹們面前圖個好名聲，匆匆忙忙地結了婚。婚後的結局是明擺著的：他們的離婚也像結婚一樣匆匆忙忙。

這位姑娘的悲劇就在於好虛名，她結婚事實上不是爲了自己的幸福，而是爲了博得外人的好評價，別人的好惡毀譽成了她的擇偶的標準，爲了虛名她完全失去了自己，不惜以終身的幸福作爲賭注。

求名的代價

好虛名的人一生都像個上了舞台的演員，時時刻刻忘不了做戲，一舉一動，一言一行都是做給別人看的。

把生命的目的歸結爲名聲，把人的價值等同於名氣，精神必然浮躁而狹隘，得到名聲忘乎所以，失去名聲就喪魂落魄，活了一生還沒有嘗過人生的樂趣。一言一行不是出於自己的內在需求，別人的評價和世俗的輿論左右著他的一切，其實他只不過是一頭被人牽著走的驢子。

有一位老兄結婚，向親戚朋友那兒借了不少錢，把傢俱買齊了，還在酒樓大宴賓客，這時已是債台高築。接著又纏著父母四處告貸，以此好讓他攜著新娘到蘇杭旅遊度蜜月。旅遊歸來，朋友上門相賀：「蘇杭之遊玩得開心吧？攜嬌妻，對美景，你小子倒是會享受！」

「開什麼心啦，外面的車船費和住宿費都漲得厲害，我們吃住都在小館小店，睡不好又吃不香錢一個勁往外流，人在外面逛風景心愁著回來後的日子。」

「既然是這樣，何苦要打臉充胖子，到外面去花錢買罪受呢？」

「如今結婚都這樣，我一個人不逛逛江南，將來在哥兒們面前怎麼抬頭，花錢圖個名。」

好虛名的人一生都像個上了舞台的演員，時時刻刻忘不了做戲，一舉一動，一言一行都是做給別人看的。連結婚這樣的人生大事，連旅遊度蜜月這樣的風雅之舉，都是爲了博得別人的一聲叫好，而自己卻全嘗不到一點人生的樂趣，這種人怎麼活得不累呢？

一生虛自囚

有多少人至死不悟，一生把自己囚在虛名的牢籠裡！

如今聽交響樂是一種時髦。好，我們就去音樂廳裡走走吧。最好坐在音樂廳的最後一排，仔細觀察每個聽衆的背影，你一定覺得比聽交響樂還有趣，對芸芸衆生的深層心理一定有意外的發現。一個人的面部善於僞裝，背影倒容易洩露眞情。你會發現音樂廳裡大部分人都東歪西倒，煩躁不安，希望音樂快點結束，有的人甚至已呼呼入睡，沈浸在音樂的意境之中的只有極少數人。

音樂廳裡的大多數人根本不能欣賞交響樂，許多人可能對什麼音樂都不感興趣，是五音不全的樂盲，只是由於社會普遍認爲鑑賞交響樂是一種有修養的標誌，上音樂廳自然就不會被人看成粗人，這樣他們才攜著情人或朋友步入樂廳。

交響樂在他們聽來不僅不悅耳反而刺耳，要是沒有情人或者朋友在身邊，他們一定要逃之夭夭，爲了不失體面，他們耐著性子等奏完最後一個音符，並隨著人潮一起鼓掌叫好。幸喜有不少不願意花錢給人造成一種「能欣賞交響樂」的印象，高雅的交響樂團才不致於散伙。

唐代有位詩人開始老想著一鳴驚人，使別人稱嘆自己的詩才，即使毫無詩興時也逼著自己苦吟，用破一生心思推敲字句，弄得人生了無興味，連對詩歌創作的熱情也熄滅了，到老來才開始大徹大悟地說：「人生有何味，一生虛自囚！」後來放手寫去，全不管輿論的褒貶，這樣才算嘗到了人生和創作的樂趣，眞的寫出了不朽的傳世之作。作詩如此，做別的事，何嘗不如此！

有多少人至死不悟，一生自己把自己囚在虛名的牢籠裡！

爲了別人的羨慕而結婚，爲了別人的稱讚而旅遊，爲了別人的恭維而去聽交響樂，爲了別人的叫好而寫詩，賣了自己買回個虛名，一生都是爲了別人而活，這種人什麼時候眞正生活過呢？

虛名坑人

虛名不僅常使人生索然無味，也常把後代遺誤了。

天真爛漫的兒童應該讓他們的天性充分地發展，讓他們的童年無憂無慮，豐富多彩，這樣才能培養他們健全的人格，使他們覺得生活充實美好，在今後漫長的人生中才能百折不撓，在任何困境中都熱愛生活，樂觀自信。不幸得很，現在很少兒童的生活是健康快樂的。一出生——甚至在媽媽懷裡——就與功名纏在一起。一個三四歲的孩子除了上幼稚園外，還得上幾種業餘學習班，逼著他們去學繪畫、音樂、舞蹈、外語……學的課程比大學生還多還雜。有的家長見別人的兒子成了揚名海內外的鋼琴家，就拼命湊錢買鋼琴，硬要孩子去學鋼琴；有的家長看到人家的孩子在奧運會得金牌很榮耀，就不管孩子的體質是否合適，強迫他們去跳水、去打球。目的只有一個：出名，出人頭地。手段花樣翻新又嚇又哄。

孩子們根本沒有時間和精力廣泛地接觸生活，從小就沒有嘗到生活和學習的樂趣，許多孩子對生活冷淡，對學習缺乏熱情。總是被父母逼著去做強加給他們的事情，久而久之失去了人格的主動性，失去了小孩特有的好奇心，失去了他們天生的活潑和童心，他們幾歲就講大人的語言，思考大人的問題。這樣的孩子長大了怎麼可能有事業的創造力？怎麼可能對事業有熱情和衝動？怎麼可能富於豐富的想像力？他們的潛能還沒有發展時，就已被自己的父母壓抑和摧殘了。

父母爲了自己的孩子成名家，竟然逼呆、逼死了自己的親生骨肉！

有一對高學歷的夫婦，生了一個聰明伶俐的小女孩。爲了把千金培養成外語人才，兩三歲就開始敎她外語，到了五歲就買了許多外語錄音帶給她，夫妻倆輪番對她進行強化訓練，規定她每天要記多少單詞、背多少短語。女兒幼小的心靈承受不了這麼重的負擔，到六歲時就患了後天呆痴症，記憶力幾乎完全喪失。

有一對青年工人夫婦，兒子已經上小學了，聰明活潑，在班上的成績名列前茅。這對夫婦覺得自己這輩子當工人是當定了，把揚名出風頭的希望全寄託在兒子身上。無奈年幼的兒子還難以體會父母的苦心，一天下午他逃學去玩電動玩具，父親知道後，一怒之下，將兒子捆個嚴嚴實實，望子成龍心切，沒想到一捆竟活活把兒子捆死了！

就這樣，好虛名致使我們的眼光多麼狹隘，多麼缺乏人情味！

現在是該聽聽老子的教誨了：「名聲和生命比起來，哪一樣對人更重要？過分好名必定要付出慘重的代價。」

讀書不爲功名

富於活力的生命與蒼白的虛名，哪一種對人重要，眞是用不著討論了。

明朝末年著名的小品文作家陳眉公，用詞的形式寫了一則家訓，我們來看他是怎麼教育兒女的。

清平樂・閒居付兒輩，有兒事足。一把茅遮屋。

若使薄田耕不熟，添個新生黃犢。

閒來也教兒孩，讀書不為功名。

種竹澆花釀酒，世家閒戶先生。

陳氏教兒孫過的這種悠閒恬淡的生活，在現代社會是難於做到了，但他蔑視世俗虛名，看重精神生活的和諧，這種生活態度卻值得我們借鑑。

千萬別向小孩灌輸追名逐利的人生觀，培養他們健康樂觀的生活態度，讓他們的理智與情感平衡和諧的發展，讓幼小的心靈去感受人間的溫暖，體驗生活的美妙，讓他們的腳踏實地而又充滿幻想。只要有積極向上、健康活潑的後代，我們就一定有一個光輝燦爛的明天，一代就會比一代更有創造的活力，人人都會成爲某一領域的專家，要虛名做什麼呢？

富於活力的生命與蒼白的虛名，哪一種對人重要，眞是用不著討論了。

逃名者

追逐虛名必定會喪失自己的本性，要使一人叫好就必須遷就一人，要使一世人叫好就要遷就一世人。

要遷就世人自然就得失去自我，就得讓自己受世俗輿論的牽制和左右。古代不少隱士，如：狐不諧、務光、伯夷、叔齊、箕子、胥余、許由、申徒狄等人，他們為了博得高潔的美名，不惜放棄人生的種種權利和快樂，只求別人的稱讚，而不管自己的安適，要拋開了社會的責任。

人生的幸福貴在適意而不在虛名。

內在精神充實的人，眞正佔有自我的人，不受世俗輿論的影響，義無反顧地走自己的路，全社會叫好不忘乎所以，全社會非難不垂頭喪氣。這種人認定了我與外物的區分，能辨別光榮和恥辱的界限，所以對世俗的評價毫不在意。

孔子被圍在陳、蔡兩國交界的地方，七天七夜沒有燒火弄飯。

大公任去慰問他說：「你快要餓死了吧？」

孔子說：「是的。」

大公任說：「你怕死嗎？」

孔子老老實實地承認：「怕死。」

大公任說：「讓我來談談避死的方法好嗎？」

孔子說：「你談吧。」

大公任說：「東海有隻名叫意怠的鳥，飛起來好像沒有力氣的樣子，飛的時候混在衆鳥之中飛翔，棲息時也混在衆鳥中棲息，飛去的時候，不敢飛到衆鳥之前，飛回時又不敢落在衆鳥之後，吃食時不敢搶先去嘗，一定要等衆鳥皆吃時才肯進食，在衆鳥沒有鳴叫時閉口不開，從來不敢先以嗓子出風頭，所以它在衆鳥中不受排斥，外人也終究傷害不了它，因此它能免於禍患。直樹先被砍伐，甘井先被喝乾。你一心用文才機智驚世駭俗，用自己的高潔來反襯別人的卑污，光芒四射像是舉著太陽行走，這怎麼可能避免現在這種飢餓之苦呢？」

大公任見孔子被說得低頭不語，又接著開導他說：「前人早已告誡我們，名氣太大非遭殃不可。你何不把這些虛名還給衆人呢？大道流行而不炫耀，德行廣播而不求名聲。樸素平常得像個呆癡，把虛名的紙帽子扔掉。眞正懂得人生之道的人不爲虛名所累，你爲什麼對名聲這麼感興趣呢？」

孔子說：「你說得好極了！」於是告訴朋友、遣散學生，逃到曠野中去，穿著粗布衣服，吃著杼栗野果，像一個樸實的莊稼漢。走進獸群不驚亂，走進鳥群鳥不驚飛。鳥獸都願意和他作伴，人們也願與他和睦相處。

人爲財死

錢成了比人、比知識更寶貴更受人尊敬的東西。於是，社會上就出現了這樣的現象——「人為財死，鳥為食亡。」

財物本來是人類生產出來的，是人們賴以生存的手段。但隨著人類私有財產的出現，財產慢慢由人的生活手段變成了人的行動目的，由人的創造物變成了人的主宰，用它來生活變成了人爲它而生活，由它爲人服務變成了人爲它獻身。

貨幣出現以後，人把自己的本質、自己的能力轉讓給了錢，人創造的錢搖身一變，成了能呼風喚雨顛倒黑白的神：錢可以把醜變成美，把邪惡變成善良，把卑賤變得高貴，使駝背的鰥夫娶到大家閨秀，使雞皮黃臉的寡婦重做新娘，讓仇人變成親兄弟，使親兄弟變成仇人。

晉朝有個書生寫了一篇《錢神論》，非常生動地描述了錢的神通廣大：

「前人說死生有命，富貴在天。我以爲死生無命，富貴在錢。何以見得呢？

錢能轉禍爲福，因敗爲成，危者得安，死者得生，性命長短，福祿貴賤，都在於錢。」

「只要有錢，何必讀書？」這是元朝一個窮先生的憤激之言，環顧如今這個世道，好像這兩句話也不是全無道理。貧窮的天才有時還要向有錢的蠢才鞠躬致敬。錢成了比人、比知識更寶貴更受人尊敬的東西。於是，社會上就出現了這樣的現象——「人爲財死，鳥爲食亡。」

錢本來是爲了使人生活得幸福，但現在卻因爲撈錢而造成了人的悲劇：

爲了撈錢可以讓兒子停學，爲了撈錢可以讓妻子賣淫，

爲了撈錢可以出賣人格和良心，爲了撈錢不惜獻出生命，

爲了撈錢不惜進牢房，不怕上斷頭台。

多藏必厚亡

錢財是身外之物，沒有它自然不能生活，但過多又成為自己的累贅，財多必害己，多藏必厚亡。

大家神魂顛倒地去拼命撈錢，從來就沒有這樣問一問自己：掙錢的目的是什麼？人們只知道金錢的可貴，忽視生命的價值，把錢放在命之上，爲了錢而寧可捨命。在市場上買東西爭斤奪兩，毫厘不讓，但卻分不清生命與金錢孰輕孰重，這到底是愚蠢至極呢還是聰明過了頭？

有道是——山雀在深林築巢，所棲不過一枝；

老鼠在河中飲水，所飲不過滿腹；人在萬丈高樓之中，所卧也不過一間。

錢財是身外之物，沒有它自然不能生活，但過多又成爲自己的累贅，這就像一個人的十個指頭，沒有十個生活不方便，超過了十個就成了負擔。財多必害己，多藏必厚亡。

石崇爲西晉功臣之後，自小聰明機敏，但爲人貪婪奢侈。在荆州做官時靠搶劫江中遠來客商成爲巨富，家人珍寶堆積如山，侍女數百都穿綾著緞。曾與國戚王愷鬥富，王愷用糖和乾飯擦鍋，石崇就用蠟燭作柴火；王愷用紫絲做成路障四十里，石崇用絲錦做成路障五十里；王愷用赤石脂塗屋，石崇用椒料泥牆。愷爲晉武帝的舅父，晉武帝在王石二人的鬥富中暗暗幫助舅父，曾賜王愷一枝珊瑚樹，高二尺，幹粗枝密，世所少見。王愷把珊瑚拿在石崇面前炫耀，石崇見後拿起鐵棍隨手將它擊碎，愷以爲他在嫉妒自己的珍寶，聲色俱厲地吼起來。石崇毫不在乎地說：「這是小意思，賠你的就是了。」接著命令家奴拿出六七枝來，高三尺、四尺不等，光彩奪目，王愷見後無地自容。石崇的廁所裡也常候著十幾個侍女，都打扮得濃艷照人，上完廁所後還得換一套新衣服出來，連貴族也不好意思上他家廁所。後來因得罪趙王倫被收監，他以爲最多不過是流放邊遠地區，等送到刑場才大夢方醒，說：「他們是想要我的家財。」押送他的人回答說：「你既然知道財多害命，何不早散家財呢？」石崇沈重地低下了頭。

蝜蝂負重

蝜蝂是一種善於背東西的小蟲、又喜歡往高處爬，使出全身力氣，一刻也不停步，直至以高處落地而死。也是說貪財害己的道理。

唐代政治家柳宗元有一則寓言，名叫《蝜蝂傳》，也是說貪財害己的道理。蝜蝂是一種善於背東西的小蟲。它在路上爬行時，遇到什麼就拾取進來，仰起頭背著走，走得越遠就背得越重，不管壓得多麼難受，不管自己承受不承受得了，它總不停地朝背上加東西。它的背部能裝很多東西，它揀到背上東西都掉不下來，這樣一直壓得它倒地爬不起來。人們見到這種情況，出於同情，幫它扔掉背上的東西。但它只要能爬起來走路，又像從前那樣往背上加東西，又喜歡往高處爬，使出全身力氣，一刻也不停步，直到最後以高處落地而死。

柳宗元所諷刺的那種人現在仍然很多。他們瘋狂地積累財富，無論屯積多少都不知足，就是因財惹禍，被搶劫，被偷盜，被清洗，他們仍然不接受教訓。只要一命尚存還是照撈不誤，做夢也是夢見黃金白銀。他們的模樣也許高大魁梧，瀟灑風流，但才智和貪婪與蛔蝂相差無幾。

貧與病的區別

沒有錢財叫做貧，懂得了人生的道理，卻不去實行才叫病。

原憲住在魯國一間很小的房子裡，茅草蓋的屋頂，蓬蒿編的門，桑條做的門樞和門檻，破瓦罐子做的窗戶，用粗布把一間房隔開，分為兩個小室。每逢下雨，上漏下濕，但他仍舊端端正正地坐著鼓弦而歌，一點也不在意。

一天，子貢穿上紫紅色的長衫，外面又罩一件白色披風，乘坐高車大馬去拜訪老同學原憲。進了原憲所住的村子，巷子裡容不下子貢的車馬，他只好下車走到原憲的家。

原憲聽說有過去的老同學來看他，趕忙跑到門口去迎接。子貢見原憲戴頂樺樹皮做的舊帽子，腳上破爛的草鞋沒有後跟，手上還拄著一枝木杖，便大叫起來：「我的天！你怎麼啦？原憲，你病了嗎？」

原憲回答說：「我哪有什麼病，你難道沒有聽孔老師說過嗎？沒有錢財叫做貧，懂得了人生的道理卻不去實行才叫病。我現在只是貧，不是病。」

子貢聽了這番話後臉上紅一陣白一陣，原憲怕老同學過於難看，馬上又笑著解釋說：「我們過去情同手足，我的爲人你還不知道？用言行去迎合世俗，結交朋黨以營私，求學爲的是在人前炫耀，教人只求顯求自己了不起，藉仁義之名掠奪財貨，把車馬裝飾得像宮殿，坐著到處向人顯露自己的富有——這些勾當你說我做得出來嗎？」

子貢來時多少有點志滿意得，想在老同學面前擺擺闊氣，沒想到原憲還像讀書時那樣純潔，對不義之財還是那樣鄙視，對以富驕人還是那樣厭惡，討了個沒趣，羞愧地掉頭走了。世界上的確還有比財富更值得追求的東西。

王鍔散財，疏廣揮金

世界上最壞的事就是錢財，聰明的人錢財多了，就失去進取向上的鬥志，愚蠢的人錢財多了就會做更多的蠢事和壞事。

唐代中葉德宗時有位名叫王鍔的宰相，原本是個赳赳武夫，憑著血氣之勇打了幾次勝仗，最後一步步位極人臣。

此公生性吝嗇貪鄙，凡是他經手的工程建設，哪怕瑣屑小事也要躬親，不過，這完全不是出於對工作的謹慎負責，而是怕肥水落入外人田。每次公家設宴請客的剩菜剩飯，他要麼自己全部帶回家，要麼全部當下賣掉，反正不白白便宜了手下的人。

他地位那麼高而天性又那麼貪，可以想像他富甲天下的情況了。作爲一個人他有權有錢，唯一缺乏的就是品德和道義。跟隨他多年的一位舊友，看到他這樣富貴了還見錢忘命，便善意而又委婉地對他說：「相爺要把身外之物看淡一點，對於金錢要有聚有散，好讓社會上知道相爺重義不重財。」

過幾天後那位舊友又去見王鍔，王鍔十分誠懇地對他說：「前天你的勸告太及時了，我已按你的意思把錢財散了。」

客人聽了後很高興，急切地想了解他散財的詳細情況。王鍔說：「我的每個兒子各人分得萬貫，每個女婿各人分得千貫。」聽著王鍔的回答，那位老友兩眼睜得又大又圓，心裡暗暗地說：「原來如此！」

漢代官至太傅的疏廣，年老主動要求退休，皇帝和太子共賜金七十斤。他回到家鄉用這些錢與鄉親共享歡樂。不少人勸他用錢為子孫多置些田產家業，疏廣說：「你以為我老糊塗了吧？連子孫也不知道顧惜，我還沒有老到這種程度。我有一些舊田舊屋，子孫們勤勞地耕種，衣食不會犯愁，過一般平民的生活不成問題。如果我留給他們的家業太多了，反而養成了他們不想自食其力的懶惰。」

一天，疏廣同族的老兄也勸他為子孫多留些錢財，疏廣說：「世界上最壞的事就是錢財，聰明人的錢財多了，就失去了進取向上的鬥志；愚蠢的人錢財多了，就會做更多的蠢事和壞事。」疏廣這才是遠見卓識，又深謀遠慮了。

仕與隱

金玉滿堂，誰能守藏；富貴而驕，自取禍殃；功業完成以後就退出官場，合於天道。

——《老子》第九章語譯

如果種種貪慾私念冒了出來，便用恬淡無名的道把它壓下去，沒有貪慾內心就容易獲得安靜安寧。

——《老子》三十七章語譯

在私慾橫流的社會裡，權勢能滿足人的種種慾望。它能讓低賤的人顯貴，能讓窮光蛋富有，能讓白癡與惡棍揚名天下。說得更俗一點，有權就有錢，有名、有地位。因而，權勢容易使人失去理智，歷史上許多冷靜深沈的權謀之士為了爭權而喪心病狂。權勢還容易使人失去人性，變得像野獸一樣冷酷無情，手足兄弟相互殘殺，至親骨肉彼此暗算。王莽、武則天親自殺死自己的兒子，安慶緒等人又謀害自己的父親。對人的腐蝕毒害無過於權勢了。《莊子·天運》篇中說：「迷戀權勢顯位的人，不會輕易把權柄讓給別人，他自己握著權柄則戰戰兢兢，失掉了權柄如喪考妣。這種人心中漆黑一團，不能清楚地想想權勢有什麼用。其實，他們是一伙坐在權慾的囚牢裡服刑的人。」

老子和莊子對權勢有很深刻的認識，實在是權迷心竅者的一副清醒劑。

權勢的代價

權貴最不勇於認錯，但卻最多越善感。應該說，爬上了權勢的高位，看上去好像是登上了天堂，實際上是陷進了地獄。

英國的培根不僅是個大名鼎鼎的哲學家，還是個世俗生活的智者，他的《小品文集》有一則談權勢的文章，稱大權在握的人是三重奴隸：君主的奴隸、名聲的奴隸、公事的奴隸。他們有了權位卻失去了自由——既沒有個人的自由，沒有行動的自由，也沒有支配個人時間的自由。其實培根還漏掉了兩點：沒有思想自由，沒有表達情感的自由。爲了追逐權力放棄了自由，爲了尋求凌駕別人的權力而失去了控制自己的權力，這種對權勢的慾望眞有點奇怪。對於一個人來說，自由是最寶貴的東西，西方詩人曾說過：「生命誠可貴，愛情價更高，若爲自由故，兩者皆可拋。」權慾薰心的人爲了獲得隨心擺佈別人的自由，寧可放棄自己個人的自由，而且必須做盡不光彩的事，才能爬上光彩的權力寶座，爭權的手段卑鄙骯髒，爬上高位的經歷艱難曲折，但人們願意用許多痛苦換來更大的痛苦。在權力的寶座上地位非常不穩，稍一不小心就身敗名裂。那些顯赫的權貴要藉別人的意見，才覺得自己生活得幸福，看到人人都羨慕他的位置，他自己也就眞的認爲權位是人間的福地，其實他個人的眞實感受正好相反。權貴最不勇於認錯，但卻最多愁善感。應該說，爬上了權勢的高位，看上去好像是登上了天堂，實際上是陷進了地獄。

培根的觀點，莊子早在二千多年前就認識到了，而且比培根的認識還深刻，話比培根說得更俏皮。

莊子在濮水旁邊釣魚，楚威王派兩個大臣來看他。兩位大臣見莊子釣魚的樣子悠閒自在，便傳達楚王的旨意說：「大王想把楚國的大事託付給你，請你去和他一起治理國家。」

莊子像是沒有聽見似的，手持釣竿頭也不回頭，過了好半天才回答說：「聽說楚國有隻神龜，活了三千年才死。國王把它用布包著放著在竹盒裡，然後藏在廟堂之上。我想請教二位：如果你們是這隻神龜，是願意死後留下了一把骨頭被供奉在廟堂之上讓人敬奉瞻仰呢，還是願意活著拖條尾巴在泥裡？」

那兩個大臣毫不猶豫地說：「當然願意拖著尾巴在泥裡爬囉。」

莊子接著說：「那就請你們回去告訴大王吧，我也願意拖著尾巴在泥裡爬，那樣多自由自在！」

愛權還是愛命

上古的人珍惜自己的生命，對權位沒有令人這麼迷戀，官癮也沒有這麼大。

堯想把君位讓給許由，許由堅決不接受。又把它讓給子州支父，子州支父說：「讓我做天子也不是不行，但我正患著重病，前不久醫生才確診了我的病症，這些天我連續服藥，沒有時間和心思來治理天下，再說，我也不想拖病理政。」

君位該是天下最高的權勢之位了，而子州支父不願意以顯位妨害自己的生命，何況其他的事情呢？只有那些不以天下爲自己所用的人，才可以把天下託付給他。

堯見子州支父不想接受君權，又跑去找子州支伯，想不到子州支伯也說：「我正患著看病哩，醫師還剛剛離開我家，他後腳出門你前腳就進門。我哪有心思去治理天下呢？治病要緊啊。」子州支伯和子州支父一樣，不願意以生命來交換君位，這是有道的人不同凡響的地方。

堯這一下可急了，君位像個皮球被人踢來踢去，誰也不肯接下來。他又急急忙忙跑去找善卷，想把天下讓給他來治理，善卷說：「我站在天地之中，冬天穿皮毛，夏天披粗布；春天下地耕種，身體完全適應了勞動，秋天收割的糧食，也足夠安養自己全家的生命；太陽出來就下地，太陽落山就收工，在天地之間逍遙自在，我要天子的權勢做什麼呢？堯啊，太可悲了，我們相識已經幾十年了，你還根本不了解我。」說完就攜著妻子兒女離開家鄉逃到深山裡，怕堯再糾纏他不放，後來沒有人知道他的去處，堯派人打聽了好幾次也沒有打聽到下落。

堯又想把君位讓給他的朋友石盧，石盧是個莊稼漢。堯剛把自己的想法告訴他，石盧馬上就拒絕了：「治理天下太辛苦，君王是些勞勞碌碌的可憐蟲！」石盧認爲德行還差一大截，於是他扛著行李，妻子頂著用具，牽著子女隱居海島，終身再沒有回到大陸。

上古人珍惜自己的生命，對權位沒有今人這麼迷戀，官癮也沒有這麼大。或者如堯找的這幾位先生，也許該批評他們欠缺責任感，太獨善其身了。然而，這樣的一任人生自在的德行，比起後人勾心鬥角，爭權奪利不知好上幾百倍呢！

官癖

治療官癖的唯一藥方就是，恢復官的本來意義——民衆的公僕恢復後人本來地位，人人平等，官也是人。

不知什麼原因，越到後世人們的官癮越大，上古人將權柄往外推，擔心權勢損傷了自己的生命，後世的人把權柄往自己懷裡搶，見了權柄就忘了性命。清朝袁枚有一篇小品名爲《官癖》載：明代南陽府（今河南省南陽市）某太守死於官署，從此以後他的陰魂不散，每天黎明上班點名時，他必定還是頭戴烏紗帽身穿官服，挺嚴肅地坐在他過去辦公的位置，他的下屬向他叩頭，他仍然能點頭回禮，一直到太陽出山，他的陰魂才離去。

清朝的雍正年間，一個姓喬的太守就任南陽，聽說這件事後笑著說：「此人有官癖，身體雖然已經死了，他的陰魂還不知道自己已成古人，我去將實情告訴他。」那天天還沒有亮，喬太守就戴上烏紗帽穿上官服，早早地坐在過去太守的座位上。到黎明上班點名時，戴著烏紗帽的陰魂又遠遠而來，看到公堂上自己的座位已被人坐著，不覺猶豫了起來，呆呆站了一會兒，長長嘆了口氣就離開了。陰魂大概明白了事情的眞相，從此再也沒有出來過。

這則故事雖嫌荒唐卻含至理。官癖這樣深的人並不是爲了獻身於社會，而是著眼於官位帶給人的物質和精神滿足。物質上的滿足不用說了，「三年清知府，十萬雪花銀」，這一般的鄉巴佬也懂的，它給人精神上的滿足更難估量。在一個專制落後的社會，德才兼備的人往往被摧殘埋沒，「英俊沈下僚」，無才無德的壞蛋反而竊取高位，官的大小，成了一個人價值大小的尺度，誰的權大誰就有眞理，誰的官高誰就受人尊重。韓愈在《送李愿歸盤谷序》中描繪過當權者的威風：在外出巡鳴鑼開道，侍衛手執戈矛弓箭在左右護駕，隨從人員跟了一大串，把道路塞得滿滿的。平時喜有賞，怒有刑，出言就是法律。身邊的文人像蒼蠅逐臭一樣圍著他，盡揀好聽的詞句奉承他；那些語言柔和清脆、身材豐滿苗條、秀美而又聰明的女郎，列了一排又一排，爭著取悅於他。這種前呼後擁的氣派，難怪讓許多貪進之徒見了流口水。

我國當官的大多患有官癖，沒有當上官的也想得一官半職，因爲有了權便有一切，當官太有甜頭了。

治療官癖的唯一藥方就是，恢復官的本來意義——民衆的公僕，恢復後人的本來地位——人人平等，官也是人。於是，官不富貴，民不貧賤，太平世界，環球同此涼熱，多好！

求官的醜態

當官給人帶來物質和精神上的實際利益，官僚那種頤指氣使耀武揚威的派頭，遇有那一人得道雞犬升天的好處，使人削尖腦袋往官場鑽。歷史文獻記載中幾乎比比皆是。

戰國時，宋國有個叫曹商的輕浮之徒，替宋王出使秦國。他去秦時宋王送他車輛數乘。到秦國後，秦王也很喜歡他那副媚態，又送他車輛數百乘，回到宋國時他有點飄飄然了，十分得意地對大智大慧的莊子說：「像你這樣住在窮陋的破屋裡，靠織草鞋過一種窮困的日子，餓得面黃飢瘦，還能像沒事的說說笑笑，這是我所不及的；一旦見到萬乘的君主，我很快就能取悅於他，並封官晉爵，還能得到數百輛車馬的賞賜，這是我的長處。」

莊子聽後直想嘔吐，眞是反感厭惡極了，輕蔑地對他說：「秦王有病召請醫生，能夠使毒瘡潰散的可獲得一輛車，願意爲他舐痔瘡的可得五輛車，行爲越下賤卑微的得到的車輛越多，你大概比給秦王舐瘡還要卑賤得多吧，不然，怎麼能得到這麼多車輛呢？滾開！」

莊子所說的也許是個寓言故事，但西晉的文章好手潘岳，卻是不打自招。一方面他寫《閒居賦》說自己厭惡官場的虛僞欺詐，另一方面此公又輕躁好利，與石崇一起向當朝權貴賈謐獻媚，每天等候賈謐的車馬出來，望賈的車塵便跪拜，實在是醜態百出。唐代有位郭霸，求官的醜態比曹商和潘岳還要肉麻。當時大臣魏元忠臥病在床，他主動去品嘗魏的尿液。嘗完尿以後媚態可掬地對元忠說：「大人的糞便如果有甜味，那麼病就沒法治了；現在我嘗到大人的尿中有苦味，看來病馬上就會痊癒。」曲意逢迎的醜態無以復加。這種令人作嘔的卑污行爲，行爲者本人當然不可能意識不到，但爲了種種更卑污的目的不惜降志辱身。

清朝石成金寫過一則笑話，名爲《放屁文章》，說一個秀才正經的好文章寫不出，放屁的壞文章偏做得好。一次縣太爺忽放一屁，秀才連忙拱揖進詞說：「大宗師高聳金豚，洪宣寶屁，依稀乎絲竹之音，彷彿乎麝蘭之氣。生員立於下風，不勝馨香之至。」

用白話來說就是：「大人高高聳起金屁股，放了一個寶貴的響屁，聲音比琴奏出來的音樂還悅耳，氣味比麝香、蘭草還要芳香。學生我有幸立於屁的下風，平生第一次聽到了這麼動聽的聲響，聞到了這麼香甜的氣味，榮幸之至。」

爲了獲得世俗的利益，不惜爲他人舐瘡、嘗尿、聞屁，拿人格作骯髒的交易，不僅顯得當事人卑劣下賤，同時也是對人類尊嚴的侮辱。

不以窮通爲懷

心胸博大的人不以物喜不以亡悲。以一種曠達的胸懷對待仕途的窮通。

道德高尚的人看輕權和顯位，「一醉累月輕王侯」，這種精神境界值得推崇，對於那些權迷心竅的人來說更應反躬自問。當然，要人們都不當官也不現實。國家像一台機器，需要政治上的駕駛員，以保證它向正確的方向行駛，而龐大的國家機器不是一個人可以操縱得了的，有的人必定安排在顯要位置，有的人只能敲敲邊鼓。官場也像商場一樣，存在著激烈的競爭，幸運兒好風憑藉力而平步青雲，倒霉鬼或低能兒終身沈滄下潦。

問題是官場的競爭比商場還要複雜，而且這種競爭往往不是在同一起跑線上進行，在專制的社會尤其如此。後台、裙帶、幫派和機緣等，都是影響一個人升降沈浮的重要因素。在政治黑暗的時代，大批紈袴子弟、皇親國戚爬上高位，政治精英反而仕途蹭蹬，山頂上的矮小刺條，卻遮蓋了山溝裡參天的松柏。就是登上高位的人，也可能因政治力量的變化而從高位上跌落下來，歷史上多少仁人志士飲恨而亡？

因而，如何對待窮與通，是每一個參政者必須面對的問題。

仕途一帆風順的時候意氣風發，最多只能令人羨慕；要是在陷入困境時，還能豁達豪爽，那才算是眞正的風流。不少有才幹的政治家，事業順利時志強氣盛，一經挫折便成了落湯雞，心灰意冷，病死於貶所或流放地；要麼完全陷入絕望的深淵，剛剛被別人罷了官，很快就自己送了自己的命。後一種人最狹隘。

在逆境中的表現與一個人的氣質個性有關，而參政的動機也嚴重影響一個政治家失敗後的精神狀態。假如參政只爲謀取私利，那就會把權柄看成命根，丟官和喪命往往引起連鎖反應；假如把參政看成是實現抱負的機會，失敗後會總結教訓，失敗可能使他更加堅韌剛強，以一種曠達的胸懷對待仕途的窮通。心胸博大的人不以物喜，不以亡悲。身居顯位不會因害怕失去它而心神不寧，見到利祿更不會不顧性命，喪盡良心。官運亨通不得意洋洋，仕途坎坷不消沈失望。以造福社會和人民爲己任，以民族的憂樂爲憂樂，先天下之憂而憂，後天下之樂而樂，襟懷坦蕩，精神必定永遠昂奮。

孔子說窮通

有道德的人窮也樂通也樂，他們把窮通當成一種自然的事情。他看重的是沒有背離道德，其悲樂不在於窮通。

孔子被圍困在陳、蔡之間，七日七夜沒有燒火煮飯，只喝些菜湯來充飢，但他還是照樣在屋裡彈琴放歌。顏回從外面採點野菜回來，聽到子路和子貢在議論自己的教師：「孔老師兩次被魯國驅逐出境，衛國禁止他在那裡居住逗留，在宋國遭到伐樹的侮辱，不得志於商周，現在又被困於陳蔡；殺他的人沒有罪過，凌辱他的人不受處罰，而老師還在彈琴唱歌，怎麼這樣不知羞恥。」

「就是嘛，跟著他算是倒霉透頂，我們別想有出息了。」

顏回一聲沒哼，進去把聽到的話告訴了孔子。孔子聽了顏回的「小報告」以後推開琴感嘆道：「子路子貢是有成見的小人，叫他們進來，我得教訓他們。」

子路和子貢被傳了進來，子路說：「這樣子可說是窮困極了！」

孔子說：「這是什麼話！君子通達於道叫『通』，不了解道則稱『窮』。現在我懷抱仁義之道而遭逢亂世，這怎麼能叫做窮困呢？我反省內心無愧於道，面臨危難不喪失德。你們知道嗎？正是等到霜降雪飄的時候，松柏才顯出它們的剛強。在陳蔡遭遇的困厄，正是考驗大家的好機會。」

孔子安詳地又拿起琴唱起歌來，顏回興奮地拿起干戈跳舞，子路和子貢慚愧地說：「我原來眞不知大有多高地有多厚呀！」

有道德的人窮也樂通也樂，他們把窮通當成一種自然的事情。他看重的是沒有背離道德，其悲樂不在於窮通。

兩種選擇，兩樣結局

功成身退不僅是一種處世智慧，也是一種人生境界。

功成身退是老子的一種政治智慧，也是一種明智的人生選擇。中國歷史上不知道有多少功高蓋世的英雄豪傑，因忘記老子這一忠告而掉了腦袋。

韓信爲劉邦建立漢朝立下的功勞不可謂不大。當劉邦與項羽在滎陽相持不下時，他率軍抄襲項羽的後路，爲劉邦占據了黃河的下游；不久，又與劉邦會合，在今天安徽靈壁南面（當時叫垓下）包圍項羽，逼得那不可一世的霸王自刎烏江。韓信是我國歷史上少有的將才，不管多少兵都能從容調度，常出奇兵致敵人於死命，在劉邦面前稱自己帶兵「多多益善」。

可是，他能率兵打敗楚霸王，卻不能保住自己的性命。漢立國後韓信被封爲楚王，可他總覺得劉邦對他的待遇，與他自己的戰功不相稱，經常不顧場合口出怨言，後來被人當作謀反，降爲淮陰侯，接著又被告與別人勾結謀反，死在呂后手裡。

韓信絕不是中國歷史上僅有的一例悲劇，有多少皇帝在自己的寶座坐穩了以後大殺功臣！功越高越被猜忌，這就是俗話所說的「功高震主」。戰國時范蠡比韓信高明，他選擇了一條不同於韓信的人生道路，因而他的結局也不像韓信那麼慘。越國被吳滅亡之後，越王勾踐痛定思痛，臥薪嘗膽，後來在范蠡等人的幫助下，終於消滅了吳國，報了昔日的亡國之仇。當越王大賞功臣之際，范蠡卻飄然隱去。他從冷酷的歷史中總結出了一條同樣冷酷的道理：飛鳥盡，良弓藏；狡兔死，走狗烹。鳥被射盡了，良弓自然成了主人的廢物；狡兔被捉光了，獵狗的末日也不遠。他知道自己只是越王射殺吳國的一把良弓，吳國一滅亡，越王就會把自己扔掉或折斷。與越王共患難沒有問題，同他一起享富貴就有危險。於是，他攜著自己心愛的知己蕩舟五湖，瀟灑地度過了自己的餘生，成了歷代功臣效法的典範。試想一下，如果范蠡像韓信那樣，大模大樣地居功自傲，越王還會有好果子給他吃嗎？

功成身退說說容易，真的要「退」可就難了。自己親手打的天下自己不享受一番就溜？有誰放著一幢豪華住宅不住，卻偏偏到野外去睡茅屋呢？功成身退要目光深遠，在轟轟烈烈之際預知潛伏的危險，還要能克制自己的私慾，如果貪婪心重，嗜慾習深，無功也希望受祿，有功又如何會身退呢？

可見，功成身退不僅是一種處世智慧，也是一種人生境界。

豪傑風度

英雄豪傑的可貴之處，在於為人排患解難而不居功，在效力於社會而不收報酬。

戰國時，秦國打到了趙的國都邯鄲，魏王派軍晉鄙去援救，因畏秦軍的強大而按兵不動。魏王又派辛垣衍偷偷潛入邯鄲，通過平原君向趙王說：「秦之所以急於圍趙，不過想要帝號的虛頭銜，趙如果尊秦王爲帝，秦國必定罷兵。」當時齊國的名士魯仲連正在邯鄲，聽說這件事後也求見平原君，一見面就問：「公子打算如何處理？」前不久趙四十萬大軍被秦坑了，現在國都又被秦軍圍困。平原君是那時四大公子之一，身爲趙相，弄得國家損兵失地，他哭喪著臉回答說：「我正一籌莫展哩，還談什麼處理辦法！」魯仲連說：「原先我以爲您算得上天下的賢公子，現在看來有點名不副實，梁國派來的將軍在哪兒？我想見見他。」

等見到辛垣衍後，魯仲連悶著一聲不吭。辛垣衍想嘲弄一下這位名聲震耳的高士，尖刻地說：「我看這座被圍的城中，所有的人都有求於平原君；而先生這派高潔的玉貌，大概不會有什麼事要平原君幫忙吧？幹麼在這兒待著不走呢？你難道不明白這座城很危險嗎？」魯仲連說：「現在有些人喜歡以小人之心度君子之腹，總以爲每個人行爲的動機，和他一樣是爲了個人的私利。秦國貪婪而又殘忍，以權謀來驅使它的官吏，把老百姓當作奴隸使用。如果讓它毫無顧忌地稱帝，我寧可到東海去淹死，也不願作秦的臣民。今天之所以見將軍，就是爲了助趙抑秦。」

辛不以爲然地笑了笑，說：「請問先生如何助趙抑秦呢？」

「我將使梁國、燕國出兵相助，至於齊、楚等國，本來就想助趙抗秦的。」

「其他國家我不了解情況，我是梁國人，你如何使梁助趙呢？」

「梁未認識到秦稱帝的危險性，如果認識到這一點，就會主動出兵相助的。」

「秦稱帝有什麼危險性呢？」

魯仲連說：「鬼侯、鄂侯和文王當年是紂的三公。鬼侯的千金出落得十分標緻，就把她進獻給紂王，紂王卻覺得她長得太醜，一氣之下把鬼侯剁成了肉醬。鄂侯為此極力向紂王力諫，又把鄂侯殺死做成肉乾。文王聽說後只輕輕嘆了口氣，就把文王抓到牢裡關了一百天。梁與秦是平等的國家，幹麼要向秦俯首稱臣，讓人家砍成肉醬、做成肉乾呢？而且，秦稱帝後梁王的宮廷得不到安寧，將軍你又怎麼保得住昔日的尊榮？」

辛聽後拜謝說：「起初我以為先生只是個徒有虛名的庸人，現在才算領教了先生的才智，您不愧為當今天下的豪傑之士。我再也不敢說半句帝秦的事了。」

秦王刺探到魯仲連聯合各國抗秦，很快撤兵了。

趙國得救了。趙相平原君想封魯仲連，魯推辭再三不肯接受。平原君又以千金為他祝壽，魯仲連笑著說：「英雄豪傑的可貴之處，在於為人排患解難而不居功，在效力於社會而不收報酬，如果做了點好事立了點功就居功取利，這與以貨易貨的商人有什麼兩樣呢？」

可惜，社會上願意當成功不居的豪傑人士太少，想做分文必爭的商人的人又太多！

低頭一拜屠羊說

「人間隨處有乘除」，有功必定有過，有人叫好就必定有人咒罵。

「低頭一拜屠羊說」是曾國藩的一句詩，屠羊說是《莊子》中記載的一個楚國宰羊人。曾國藩這位晚清王朝的中流砥柱，幹麼要向一個古代的屠夫下拜呢？

曾國藩經過九年的浴血苦戰，終於鎮壓了幾乎奪取滿清天下的太平軍。對於搖搖欲墜的滿清王朝來說，他像一支撐起危樓的大樹。清人入關以來誰立過他這樣大的功勞？他的廳堂裡擺滿了朝廷的賞賜和獎品。然而，功高名大加劇了他內心的惶恐，說他有野心取清朝而代之的流言滿天飛，老佛爺慈禧太后對他疑心重重。曾國藩這位清末被視修身、齊家、治國、平天下的典範人物，怎麼能不懂得「功高震主」的道理呢？他的家書很少談國事，多是與子弟講種菜耕田做清潔的瑣事，與其說是與家人看，不如說是給老佛爺看的，好讓她打消對自己的戒心。

他在給弟弟的一道詩中說：

左列鐘銘右謗書，人間隨處有乘除。

低頭一拜屠羊說，萬事浮雲過太虛。

左邊陳列著皇上賜的鐘銘獎品，右邊陳列著各地攻擊有異志野心的書信。表彰和誹謗相互抵消了。他從中悟出了某種人生道理：「人間隨處有乘除」，有功必定有過，有人叫好就必定有人咒罵。如今我還這樣看重功名虛譽，在屠羊說面前眞是覺得臉紅。讓我來低頭拜屠羊說爲師吧，萬事如浮雲飄過天空，轉眼成烏有，不留痕跡。

屠羊說這個屠夫何以受到曾國藩的崇拜景仰呢？

戰國時楚昭王丟了天下，屠羊說跟著國王一起逃難。楚王復國以後，獎賞原先跟他一起逃難的人，自然也少不了這個屠夫。昭王派人問他要什麼獎賞，想不到屠羊說說：「大王丟了國土，我也丟了宰羊的工作，現在大王重登寶座，我又操起了屠刀，和大王一樣恢復了過去的一切，這有什麼值得獎賞的呢？」

大王聽後說：「他一定得接受獎賞。」

大臣向屠羊說傳達大王的旨意。

屠羊說聽後說：「大王丟了權柄不是我的過錯，所以失國時我不能接受懲罰；現在大王重登王位也不是我的功勞，所以復國後我同樣不能接受獎賞。」

楚昭王覺得這個屠夫有些怪，於是好奇地說：「叫他來見我。」

屠羊說對大王的使者說：「有大功的人才能晉見國王，這是我們楚國的法令，而我的才智不足以保護國家，勇敢又不足以消滅敵寇。吳國打到我們國都時，我是怯懦怕敵才跟著楚王逃跑，並不是因爲忠誠而去追隨大王。現在大王要破壞祖傳法律召見我，這是我所不願意聽到和見到的。」

使者把這番話轉達給了楚王，楚王邊聽邊點頭，對宮廷中的大臣說：「別看這個屠夫的地位卑賤，他的精神境界倒很高，你替我去請他出任楚國三公的職位。」屠羊說仍然謝絕了大王的任命，他說：「我當然知道三公的地位比宰羊高貴，萬鐘的奉祿也比屠羊的利潤豐厚，但我怎麼能貪圖爵祿而讓大王蒙受濫施獎賞的惡名呢？我還是回到過去的屠宰場舒坦些。」

無怪曾國藩要向屠羊說下拜了！

出仕與獻身

凡夫俗子如果沒有崇高的社會責任感，沒有濟世救民的宏大抱負那就既談不上出仕也談不上隱退，不過隨波逐流，隨生隨滅。

換一個角度，就是我們在前面說的，老子有點缺乏社會責任感，似乎他只注重隱退而不主張進取。這是莫大的誤解。《老子》五千言中，不少篇幅專講治國、用兵和從政，他不僅不反對建立功業，而且十分看重個人的功業，他只是主張建功而不居功，打天下建天下而不佔有天下，獨享天下。「功成身退，自然之道」，這是一種非常積極高尚的人生觀，他認爲每個人的責任就是獻身社會，在政壇、在戰場實現個人的價值，建立一番偉大的功業，等自己的使命完成以後，馬上就應該隱退，空出舞台讓後人來演出更輝煌的歷史劇。如果打下天下就佔有天下，那與強盜的搶劫有什麼兩樣呢？莊子曾經尖銳地指出過：「盜竊鈎子的人被殺，盜竊國家的人成了王。」問題與道理就在這裡。

凡夫俗子如果沒有崇高的社會責任感，沒有濟世救民的宏大抱負，那就既談不上出仕也談不上隱退，不過隨波逐流，隨生隨滅。恰如諸葛亮沒有幫助劉備建立蜀漢以前，別人稱他是一條隱居的卧龍，這時他自稱爲隱士、山人。當時一個襄陽隆中的普通農民能稱爲隱士嗎？他們沒有任何志向抱負，自然就無所謂仕和隱了。因而，隱是以仕爲前提的，退是以進爲前提的，沒有積極進取的志向就談不上退隱林泉的超脫。救世濟民的胸懷是退隱的前提條件。

東漢初年的嚴子陵，東晉末年的陶淵明，是我國古代最出名的隱士之一。前者在富春江瀟灑地垂釣，後者在南畝默默躬耕，他們都不擠在冠蓋雲集的京華，而獨處在僻遠的山水田園，赢得了一代又一代人的景仰。在富春江釣魚的不只嚴子陵，在廬山脚下耕田的也不只陶淵明，人們爲什麼單單讚美他們兩人呢？換句話說，如果他們兩人只是普普通通的漁翁和農夫，就沒有人對他們感興趣了。要是他們像農夫漁父那樣平庸草草過一生，與草木一同爛掉，怎麼可能留傳千古呢？《後漢書》說嚴子陵「少有高名，與光武同遊學」。他少時的「高名」到底高到什麼程度，現在無從考查，不過可以肯定不是個平庸之輩。他很要好的同學劉秀做了皇帝後四處查訪，請他回來幫助治國，由此可見嚴子陵的才能和氣度。他謝絕了光武皇帝的高官厚祿，也許是怕劉秀這位過去的老同學容不下他，他自己也不願像月亮那樣藉著太陽發光。既然重整乾坤的機會我嚴子陵沒有抓住，坐享其成又有什麼意思呢？我覺得嚴子陵沒有出任老同學送來的官職，倒不一定是由於他爲人的清高，若僅僅是清高就不值得讚美了。

陶淵明給人的印象是靜穆超曠，但他既有「採菊東籬下，悠然見南山」的恬淡瀟灑，也有「刑天舞干戚，猛志固常在」的慷慨豪邁，他曾經說過「丈夫四海志，我願不知老」，只是由於在那黑暗動亂的年代，他的理想沒有辦法實現，他的才能沒有用武之地，不得已才退耕田園，逍遙野外。

可見，不管是在朝中做官還是遁跡江湖，救世濟民是一個人人格精神的支柱，貪圖私利而做官可恥，爲了清高而隱居也不值得推崇。

閒話退休

從領導崗位上退下來，需要寬宏的氣度，尤其需要無私的精神。

退休的制度在我國先秦時就建立了，《禮記》載：「大夫七十歲就應該放下工作，告老回鄉。我們這兒所說的退休主要是指政界人物而言，不涉及工人、教師和企業的一般辦公人員，因為這些人都很容易，有的還主動申請退休。

照理說年老回鄉休息是一件輕鬆愉快的事情，可是對有些人來說，要他回家養老偏偏成了重大的負擔和打擊。少數人到了年紀仍然精力旺盛，老驥伏櫪，志在千里，想趁晚年大做一場，這時強令退休難免有千古英雄未盡才的遺憾，但大部分人捨不得交印把，是捨不得掌握紅印時的種種好處。權把在手時家裡門庭若市，轎車送往迎來，前呼後擁一呼百應，好不威風氣派、一旦交出了紅印馬上就「門前冷落車馬稀」了，過去周圍的那些謙恭的笑臉一下子換成了冷面，恭維、捧場、送禮、說情全都消失了，昨天還覺得這個世界離不開自己，一交了紅印才知道自己是這個世界多餘的人。有了紅印就有尊嚴、價値、財富和威風，誰願意隨隨便便交出紅印呢？工人、教師、職員願意退休，原來是他們在職和退休沒有什麼區別，退休除了解脫繁重的工作之外，他們沒有什麼可以失掉的東西。

古時我們雖有退休制度，但大部分人還是不閉眼睛不交權。白居易有一首詩挖苦那些背彎成一把弓的老翁，仍然留戀高官厚祿捨不得告老回鄉。「誰不愛富貴？誰不戀君恩？」他們一直爬不動還念念不忘名利，還在想著要趁機爲子孫經營安樂窩：

可憐八九十，齒墮雙眸昏。
朝露貪名利，夕陽憂子孫。

這種人實在可惡！

可見，從領導崗位上退下來，需要寬宏的氣度，尤其需要無私的精神。只要你一生眞的爲社會做了貢獻，你主動退下來讓後來人有鍛鍊的機會，即使你沒有掌握紅印，人民更尊敬你。如果你當官只爲個人的名利，只爲子孫的將來，就是在位也不可贏得尊敬，只能得到勢利小人的拍馬捧場。

當我們爲社會盡了自己的義務以後，當我們由黑髮變成了白髮以後，爽快地從重要崗位上退下來，把接力棒傳給後來人，既無愧人又無愧於己，何樂而不爲呢？

靜與動

盡量使心靈保持虛寂，要切實堅守心境清靜。從萬物的生長發展中，觀察循環往復的道理。事物儘管變化紛紜，最後各自還是返回它的本根。返回本根就叫做「靜」，也稱為「復歸生命的本性」。

——《老子》十六章語譯

穩重是輕率的根本，靜定是躁動的主宰。……輕率就失去了根本，躁動就失去了主宰。

——《老子》二十六章語譯

「靜」與「動」是矛盾的，對此老子有很多十分獨特而又精到的見解。我們從教科書上學到的道理是：萬事萬物中「靜」只是相對的暫時的，而「動」則是絕對的永恆的，這個世界永遠不會風平浪靜，只有無休無止的動盪和鬥爭在等著我們。相反，老子認爲世界上的「有」（萬事萬物）來源於「無」，「動」來源於「靜」，萬事萬物的源頭是「虛靜」，通過發生、發展又回到原來的「靜」，這就像一粒小麥，通過發芽、生長、成熟，又回到原來小麥的靜的形態。萬物都靜靜守著自己的本性，默默地吸取大地的雨露，安享著各自天然的壽命，春榮冬枯，最後又回到天然的寂靜。因而，「靜」是主宰和根本，「動」是現象或表現，一個人如果老是躁動不安，不僅一事無成，甚至不能盡自己的天年，一個國家如果老是動盪不寧，政局長期不能安定，就會迅速走向滅亡。老子強調「靜」的思想給我們民族的影響非常深遠，從讀書、修養、武功到治國，我們都講究「以靜制動」、「寧靜致遠」。

以靜制動

保持虛就能知道事物的眞相，保持靜就能知道行爲是否正確。

我國的政治謀略認爲：在尖銳複雜的政治較量中，君主應該用虛靜的態度來對待一切，靜觀事態的變化，細察每一情節和人事。保持虛就能知道事物的眞相，保持靜就能知道行爲是否正確。臣下向君主進言時就表明了他自己的主張，臣下辦事時自然有一定效果，君主暗暗驗證一下效果與主張是否符合，無所事事就能使臣下現出原形。

最高統治者尤其不能暴露自己的慾望，如果一暴露了自己的慾望，臣下就會精心粉飾自己的言行；也不能表達自己的眞實思想，臣下一了解君主的眞實意圖，他們就知道要怎樣僞裝自己。這樣君主就分不出誰忠誰奸誰好誰壞。所以，君主不能有任何表現（也就是「動」），要保持絕對的清靜不動，深深地藏起自己的喜好和厭惡之情，這樣臣下就沒有辦法僞裝迎合君主，他們就會表現出本來面目；君主藏起自己的智慧和主見，臣下就無以揣摩君主的意圖，因而就無法投機。所以，君主宜靜不宜動，自己有智慧也不用來考慮，使每一個臣下找到自己適當的位置；自己有能力也不表現出來，以便更好地觀察臣下的言行；自己有勇力也不逞威風，使臣下有機會表現各自的勇敢。君主不用自己的智慧就是明智，不用自己的才能就有功績，不表現個人的勇敢就有國家的強大。平時君主總是靜悄悄的，好像自己沒有處在君主的位置，臣下也摸不清君主在哪兒。英明的君主在上面清靜無為，群臣在下面誠惶誠恐地盡職。

君主在上寂靜，群臣在下效力，有了成績功勞歸君主，有了錯誤罪過在臣下。君主在上面以清靜無事的態度，暗暗觀察臣下的功過。君主處在「靜」的情況下，容易掩蓋自己的行跡，隱藏自己的念頭，使臣下對自己捉摸不透；群臣處在「動」的狀態下，他們的眞實思想、實際才幹都暴露無遺，這樣君主便於駕馭和控制。——這就是「以靜制動」，「靜」是君主的法寶。

「靜」使君主深藏不露，群臣因此對他產生一種神秘畏懼。

以靜養智

所謂「以靜養智」，就是通過恬靜的心境來增進自己的智慧，智慧增進以後又不外用，用自己的智慧來促進自己心境的恬靜。

我們的前人發現「靜」的許多妙用，以一言蔽之曰「以靜制動」，這實包含了另一層意思：「以靜養智」。

所謂「以靜養智」，就是通過恬靜的心境來增進自己的智慧，智慧增進以後又不外用，用自己的智慧來促進自己心境的恬靜。智慧與恬靜交相涵養促進，和順之氣便從本性中流露出來。真正的智者從來不嘰嘰喳喳地表現自己，讓自己智慧的鋒芒外露。那些沒有智慧的人成天鬧哄哄，大叫大嚷地表現自己，生怕一靜下來這個世界就把他忘了。

滿罐子不盪動，默默無聲，半罐子半盪到半天空，撲通撲通地響個不停。智慧老人像風平浪靜時的大海，沈靜而又淵博；淺薄之徒像快要乾涸的小溪，走到那裡就喧鬧不休。

只有虛才能包含萬物，灌水進去不見滿，取水出來不見乾，而且不知水源在何處，這樣就算得永葆生命之光；只有靜才能獲得眞理，「萬物靜觀皆自得」，這恰如一汪清澈的湖水只有平靜時，才能映出周圍群山的倒影。如果水波湧動奔騰，那就只能聽到自己的響聲，而映不出天上的星月與地上的山峰。同樣，只有靜才能涵養自己的心智，浮躁不安只能使自己變得荒疏淺陋。

所以，根機城府深的人遇事三緘其口，根機城府淺的人遇事信口開河，恬靜總是屬於那些智者。智者的恬靜並不是由於「靜是好的」才學會恬靜，而是他的智慧使他明白了世事，世上沒有一樣東西能擾亂他心境，因此自然而然地歸於平靜安寧。水平靜了不僅可以照面影，也可作爲木匠「定平」的水平儀；俗話說「心平似鏡」，人的心境如果平靜了，也能鑑照天地的精微，甚至還可以明察萬物的奧妙。——古人所說的「以靜養智」就是這個意思了。

靜如處女

靜如處女，動如脫兔。靜是動的主宰，重是輕的根基。

老子和莊子都認為虛靜是萬物的本性，因而恬靜的生活是一種符合人的本性的生活，符合本性的也是自然的，而自然的境界是一種最高的境界。

自然規律的運行無休無息，萬事萬物因此而生成；成聖成王之道的運行也無休無息，所以天下人心歸順。如果能了解自然規律，通曉成聖成王的道理，並明白上下古今四方的變化，都是遵循各自的天性，那個人的心境和行為也就能歸於平靜。平靜是天地的「水平儀」，恬靜是個人最高的精神境界，是古代高尚之士精神的休息場所。心神寧靜便空明，空明便能充實，充實便是完備。心神空明既象徵寧靜，由寧靜後再行動就無往而不得，無往而不宜。同時，心神寧靜便是無為，無為恬靜自然就安逸和樂，安逸和樂的人就不受憂患災難所困擾，這樣下去還怕壽命不能延長？

清靜無爲是萬事萬物的本性，明白了這個道理來做國王，便能像堯舜一樣英明；明白了這個道理來做大臣，便是最傑出的領導者。這樣退休山林閒遊江海，就會贏得所有隱士的敬佩；以這個道理來報效國家投身政壇，就一定會成功名就。

清靜的人求學則與日俱進，從政則大功告成，臨陣指揮千軍萬馬則無往而不勝。有人以爲將軍只需要勇敢無畏，清靜只是學者書生所必須具備的德性，其實這是誤解，對敵我形勢的準備判斷，最要緊的是頭腦冷靜，勇敢無畏，但又容易衝動的人只宜當士兵，當統帥則必定是經常誤事。戰場上的形勢瞬息萬變，如果全軍沒有一個鎮靜的頭腦調兵遣將，必定自陷絕境，導致全軍覆沒。

一個人行動的時候應像太陽火球一樣運行，而內心的精神狀態又必須像深夜一樣寧靜；情緒應像昔日大姑娘那樣不動聲色，而行動則應像兔子那樣敏捷快速——這就是孫子所說的應「靜如處女，動如脫兔」。動如脫兔，快速敏捷，必須來自於清醒冷靜的判斷，否則敏捷就變成了輕率，快速就失之於盲目。所以，老子說——「靜是動的主宰，重是輕的根基。」

蚯蚓與螃蟹

蚯蚓的成功與螃蟹的無能，全在於前者因靜而受益，後者因躁而吃虧。這也是動靜之理。

荀子在《勸學》篇中有這樣一段名言：「螾無爪牙之利，筋骨之強，上食埃土，下飲黃泉，用心一也。蟹六跪而二螯，非蛇鱔之穴無可寄託者，用心躁也。」

引文中的「螾」就是我們現在所說的蚯蚓，「蟹」就是我們餐桌上常吃的螃蟹，「跪」指螃蟹的腳，「螯」是螃蟹變形了的第一對腳，形狀有點像鉗子，用來取食和保衛自己。

蚯蚓沒有銳利的爪牙，也沒有強勁的筋骨，是一種沒有強力的軟體動物，但堅硬的土地遇上了它也能變得鬆軟，面朝黃土背朝天，種地的人都知道，蚯蚓多的地裡土壤必定疏鬆。這麼軟綿綿的東西靠什麼生活呢？說來也許你不信，它吃的是我們牙齒碰一下就發痛的沙土，它飲的是地底下的泉水。如果有人問我說：「它憑什麼如此厲害呢？」我想也許是它有幸沒有我們人類那兩條會走的腿，也沒有我們那張會說話的嘴，所以不至於像我們那樣上上下下地跳，更不會像我們那樣四處大吹大擂地鬧，它成功的主要原因就是專一，而專一又來於恬靜的性格。

《勸學》中說螃蟹有六隻腳，其實螃蟹本來有八隻腳，再加上前面兩個堅硬鋒利的螯。不過，這麼多腳這麼硬的螯有什麼用呢？它連自己棲身的洞穴也不會挖，一輩子都寄人籬下，擠在蛇或鱔魚的穴中過日子。說眞的，螃蟹一輩子活得如此窩囊，就是它那八條腿害了它，腿一方便就喜歡四處亂逛，四處遊逛就浮躁好動，就像我們今天的學校患了多動症的小學生，屁股一沾凳子就想去打球，打一下球又想去跳高。浮躁好動就難得靜下來，靜不下來又怎麼能專心致志呢？

蚯蚓的成功與螃蟹的無能，全在於前者因靜而受益，後者因躁而吃虧。這也是動靜之理。

國王愚蠢不足怪

國王比一般人愚蠢的原因，是由於國王的環境使他靜不下來，無法潛心學習和思考。

儒家與道家在許多問題上是相互拆台的對手和冤家，但在主張「靜」這一點上卻走到一起來了。《四書》中的《大學章句》說：「知止而後有定，定而後能靜，靜而後能安，安而後能慮，慮而後能得」。如果我們抹去儒家罩在上面的迷霧，這幾句是一節精彩的心理描述。把它翻譯成現代的白話就是：「知道所要追求的目標，精神就能安定在一點上；精神一定心境就能靜；一靜下來了心也就安了，心安靜了就能潛心深刻地思考；能潛心深刻地思考，還愁沒有收獲？」

儒家的一些老祖宗們好像也認爲：精神的靜、定，是一個人得以進行潛心學習思考的前提。不能入靜就必然浮躁，人的心境有點像水面，不能平靜就一定要動盪。精神浮躁動盪了怎麼能專一和持之以恆呢？

《孟子·老子》中有這樣一段話——這個世界上的國王往往很愚蠢。有人對此大惑不解，國王的生活條件那樣好，國家圖書館裡藏書那麼多，國王怎麼反而比平民百姓還蠢些呢？孟子說：國王不聰明毫不足怪。縱使一種最容易生長栽培的植物，你曬它十天，又凍它十天，看它還能不能再生長？譬如下棋，這在一般人眼中是雕蟲小技，但你如果不靜下心來一心一意，那就別想把它學好。弈秋現在是舉國一致公認的下棋聖手，假使讓兩個學生跟他學棋，其中一個心無二用，聽了弈秋的教誨以後，只是靜靜地揣摩老師的棋法；另一個表面雖然也恭恭敬敬地在聽弈秋老師講課，其實心猿意馬，一邊聽課一邊在想：有隻天鵝快要飛來，如何迅速拿起弓箭去把它射下來。哪怕他與那位同學同吃同住同聽課，到學期結束時他的成績一定不如人家。是不是不如前者聰明呢？當然不能這樣說，只是前者安靜潛心，後者精神躁動不專而已。

據朱熹考證，《大學》是由曾子記述的孔子語錄。孟子上面的言談與前面《大學》中的引文是一脈相承，二者都認爲只有靜才能安，安然後才能思考，能認眞思考才會學業長進。國王比一般人愚蠢的原因，是由於國王的環境使他靜不下心來，無法潛心學習和思考。

現在城市許多中小學生的學習成績不如鄉下孩子，問題同樣出在他們所受外界環境的刺激太多，孩子們年齡太小抗拒不了這些刺激的誘惑，而有些家長在孩子做家庭作業時看黃色錄影帶或驚險武打片，孩子們邊做作業邊想著電視，逐漸養成了浮躁不專的心理定勢。他們的結局就像國王一樣：蠢。

小老鼠捉弄大文豪

小老鼠用聲音招引人，以裝死麻痺人，是多麼冷靜沈著，注意力是多麼集中專注，上當就上當在心不靜，神不專！

宋代蘇東坡詩、文、書、畫無所不能，在每一個領域都達到了第一流的境界，是一位令人欽敬又招人喜愛的文藝全才。

他的智商之高大概不會有人懷疑，但說來叫人不會相信，這樣一位大文豪竟然被一隻小老鼠給捉弄了，事情是這樣的——一天夜晚，蘇東坡靠在床頭看書，一隻老鼠正在咬什麼東西，弄出「吱吱」的聲音，他拍一拍床聲音又停止了，等他靜下來看一會兒書，老鼠也開始咬起來。他叫兒子掌燈照一照，看老鼠是在啃什麼。兒子說衣櫃中間空了個洞，聲音是從衣櫃中傳出的。東坡高興地笑著說：「嘻！這隻老鼠閉在櫃中出不來了。」打開衣櫃一看，又任何聲音也聽不見，拿來蠟燭尋找才發現櫃中有隻死老鼠。他兒子覺得十分奇怪：「這隻老鼠剛才還啃得『吱吱』響，怎麼一轉眼就死了呢？如果剛才的聲音不是它弄出來的，難道有鬼嗎？」父子倆想搞個水落石出，便把衣櫃倒過來，那隻「死」鼠一落地便撒腿就跑，再敏捷的人也措手不及。

東坡見此驚嘆不已：「這隻鼠眞夠狡猾的！把老夫捉弄了一番。它閉在衣櫃中，櫃的板子太硬，它不能咬出洞孔，因而故意出聲音招引人；人一去它又故意裝死，以死的樣子麻痹人，然後尋找機會逃脫。聽說所有動物中人的智慧最高，捉龍伐蛟，殺龜捕麟，能役使萬物，主宰一切。現在反倒被老鼠指使了一回，陷入了這隻小動物設下的圈套，它裝死時靜如處女，逃命時快如脫兔。怎麼能說人最有智慧呢？」

他靠在床上閉目養神，暗暗思考自己上老鼠當的原因，迷迷糊糊地好像有人告訴他說：「東坡先生啊，你不過是多讀了幾本書多記了點死知識，離『道』還遠得很哩。你自己思考時不能靜下來專心致志，對世俗中的樣樣東西感興趣，目迷五色，口戀百味，耳耽千聲，連一隻老鼠咬東西就使你坐立不安，看不進書，精神不專一竟然達到了這種程度，人有時摔碎一塊價值連城的璧玉也無所謂，而打破了一個鐵鍋卻驚叫起來；人能搏殺山中的猛虎，但有時見到蜂螫而變色。這全因爲人不冷靜不專一的過錯。那隻老鼠用聲音招引人，以裝死麻痹人，是多麼冷靜沈著，注意力是多麼集中專注！你上當就上當在心不靜，神不專！」

應該說，蘇東坡這生活中的小花絮，被人敷衍是有點牽強，確實也有些意思。

寧靜致遠

「淡泊以明志，寧靜以致遠。」

諸葛亮在人的心目中幾乎是智慧的象徵，兼備宰相之器與將略之才，關羽、張飛這些赳赳武夫，在他鵝毛扇的揮動下東征西討，決勝於千里之外。我們一讀《隆中對》，諸葛亮對當時全國局勢的認識多麼深刻，對未來歷史走向的預見多麼準確深遠，幾句話就勾畫出了三國鼎立的藍圖，尤其令人嘆服。他的智慧爲什麼這樣超群，眼界爲什麼這樣高遠？

諸葛亮寫給他兒子的一封信好像是專爲回答這個問題的——「夫君子之行，靜以修身，儉以養德，非淡泊無以明志，非寧靜無以致遠。夫學，須靜也，才，須學也。非學無以廣才，非志無以成學。淫慢則不能勵精，險躁則不能治性。」

諸葛亮認爲：大丈夫立身處世，應以靜來提高自己的精神境界，以樸素來培養自己的道德，生活簡樸、恬淡、寡欲，才能顯示出自己的志趣；心境安定冷靜，精神專一不進，才能見識深遠。要想學習有成，心境就必須保持絕對的寧靜；要想增長才幹，就必須刻苦學習。不學習怎麼能增長才幹，不靜又怎麼能進行學習呢？輕浮懈怠就不能思慮深遠，心境險惡煩躁就不能陶冶性情。

在這封信中，諸葛亮談到了「靜」與「學」、「學」與「才」的關係；不能「靜」就無法「學」，無法「學」就難廣「才」。「靜」是「學」的必要條件，「學」又是「才」的必要條件，而最根本的問題是「靜」。不能「靜」，「學」與「才」都成泡影。

諸葛亮在漢末動盪混亂之際，隱居隆中，躬耕隴畝，靜觀天下之變，思考國家的未來，他的沈靜天性使他能高瞻遠矚，從已成之局預料將成之勢，《三國志》說他的志向，「進想龍騰虎視，包括四海，統一天下；退想跨陵邊疆，割據一方，震盪宇內」，被他的同輩們稱爲「臥龍」。他的深謀遠慮雄才大略，主要得益於他冷靜的觀察，沈潛的思考，他上面這封《誡子書》就是他一生爲人求學經驗的總結，讓我們銘記他一生智慧的結晶吧：「淡泊以明志，寧靜以致遠。」

靜以養生

「營魄抱一」、「專氣致柔」和「滌除玄鑑」都是為了達到一個目的：使心安神，以靜養生。

說起中國的養道來，源頭又得追溯到老子那兒。《老子》第十章說：「精神與身體合一，能不相離失嗎？專精守氣，致力柔和，能像無慾的嬰兒嗎？淸除雜念，深入靜觀，能沒有瑕疵嗎？」這一段話是我國養生的「聖經」，爲了便於理解老子養生的奧秘，還是把原文引出來：

載營魄抱一，能無離乎？

專氣致柔，能如嬰兒乎？

滌除玄鑑，能無疵乎？

這一章涉及到修生、煉氣和洗心。《老子河上公章句》說：「營魄就是魂魄。人的生命依賴它才能存在，所以應愛護保養它。喜和怒傷魂，驚恐傷魄。

……魂靜了人的志就不亂，魄安了就得壽延年。」人的生命就是形體（即「魄」）與精神（即「魂」）的統一，精神與形體「抱一」就可長壽。道家的養生之道主張形、神並舉，但更重視養神。「人善於養神則不會死亡」（《老子河上公章句》）。「抱一」是讓身心和諧。

中醫認爲情緒影響人的身體健康，「大喜、大怒、大憂、大恐、大哀，這五種情緒纏身導致損命」（《呂氏春秋》）。過分激動和過分憂傷都引起精神騷動不寧，道家稱這爲傷生之「賤」。

「專氣致柔」也是道家靜功的內丹修煉法，將個人的精氣凝集在腹中，然後循環升降，使身體變得像嬰兒那樣柔軟，心靈集中在精神的某一點，心靈安靜內守而能抗拒外面物質的刺激，逐漸達到返老還童的目的。

「滌除玄鑑，能無疵乎？」這裡的「滌除」是指清洗掉，不過不是指我們用洗衣粉洗掉衣垢，而是運用精神的清潔劑來「洗其心」，使心靈深處明淨如鏡，不沾染一絲塵垢。專講修煉養生的《抱樸子》內篇說：「一個人沾染世俗的埃塵太多無疑傷神害性，要想長壽就非洗心換面不可，像用清水洗滌輕塵一樣。」

「營魄抱一」、「專氣致柔」和「滌除玄鑑」都是爲了達到一個目的：使心安神靜，以靜養生。

保全本性與保養生命

保全你的形體，護養你的生命，不要讓你的精神焦慮就行了。

一天，南榮趎去找庚桑子說：「像我這樣一把年紀了，怎樣才能遲一點進棺材入土呢？」

庚桑子說：「保全你的形體，護養你的生命，不要讓你的精神焦慮就行了。」

南榮趎說：「我不知道眼球的形狀彼此有什麼不同，而盲人卻看不見；不知道耳朵的形狀彼此有什麼不同，而聾子卻聽不到；不知道心的形態彼此有什麼不同，而瘋子卻完全失去理智。是什麼使這些器官廢棄無用呢？你只是泛泛地說『保全你的形體』，怎樣才能『保全形體』呢？」

唐桑子沒詞兒了，他說：「我才薄識淺，無法回答你這些問題，你還是去南方求教於老子吧。」

南榮趎背著乾糧，走了七天七夜才到達老子的住所。

老子問他：「你是從楚國來的嗎？」

南榮趎說：「是的。」

老子又問道：「你怎麼和這麼多人一起來呢？」

南榮趎驚異地回頭看了看，一個人也沒看到。

老子笑了笑說：「你不明白我說的意思嗎？」

南榮趎羞愧地低下了頭，接著仰面嘆息道：「我不知道該怎樣來回答你的問題，而且也忘了自己此次來要問什麼？」

老子說：「此話怎講？」

南榮趎說：「有件事很叫我煩惱。我不求知人家說我愚蠢，我獲得了知識自己又傷腦筋，我不按世俗規矩行事會不合群，順著世俗跑又違背了自己的本性。我應該怎樣擺脫這些煩惱呢？否則，我很快就要被精神折磨死。」

老子說：「你的樣子看起來既像失去雙親的孤兒，又像拿著子竹竿去探測大海的人。唉！你已經失去了自我，沒有了『自我』還談什麼養生呢？雖然你想恢復自己的本性，但又不知道該從何做起，所以你的心情越來越混亂煩躁，我實在為你感到難過。」

南榮趎回到家中拋棄世俗的念頭，專心養神，過了一天時間心裡還是覺得鬱悶未消，於是又來見老子。

老子一見到他就說：「你心靈上沾染的『塵埃』已洗去了許多，所以體內已充滿了精氣，但還有一些世俗的塵埃沒有洗淨，所以還是煩躁鬱悶，精神靜不下來。當你的心靈被物質的慾望干擾時，千萬不要去強行控制它，這會使內心的動盪更厲害，一定要斷絕心靈的活動，達到一種無思、無慮、無慾、無愁的境界，這就保全了自己的本性，本性不離開自己，那麼精神就會像井水一樣的平靜，這樣你還擔心自己不能長壽嗎？無慾才能無慮，無慮才能靜心，靜心無慾就能像小兒那樣快樂，也能永遠像小兒那樣年青。」

無慾則靜

不能靜就不能成器，不能戒慾就不能靜。

無論是治國還是用兵，無論是求學還是養生，都宜靜不宜躁。現在的問題是：如何才能保持心境的寧靜？

躁動不安是現代生活的特點，而躁動的原因不外乎兩個：一是生活節奏的快，一是生活的慾望太多。

從老莊的觀點來看，上面兩個原因中主要方面在於主觀慾望，如果『少私寡慾』，情緒就不會受外界的干擾。陶淵明有幾句詩說：

結廬在人境，而無車馬喧。

問君何能爾，心遠地自偏。

把房子建在人聲擾攘的鬧市，也聽不見任何車馬的喧囂，爲什麼能這樣呢？精神上遠離了世俗，住的地方也偏僻安靜了。

這要求我們對名利要看淡一點，克制自己對聲色的慾望，去掉自己的嫉妒心理。如果看到別人大把大把撈錢，又眼紅又羨慕。想到自己貧窮怨天恨地，看到他人發財妒火燒心，這怎麼能心安神靜呢？

面對花花世界，並不是人人都眼花撩亂；在美色面前，並不是人人都魂不守舍；對著美味佳餚，更不是人人都饞得流涎。

我不想否認環境對人的影響，但也不能低估人抗拒環境的能力。難道城市人個個都是市儈？難道官場個個都腐敗？

不能靜就不能成器，不能戒慾就不能靜。

拙與巧

最圓滿的東西好像有所欠缺，可是它的作用不會衰竭；最充實的東西好像仍舊空虛，可是它的作用不會窮盡；最正直的好像是彎曲的，最靈巧的好像是笨拙的，最好的口才好像結結巴巴的。

——《老子》四十五章語譯

委曲反能保全，屈就反能伸直，卑下反能充盈，敝舊反能生新，少取反能多得，貪多反而迷惑。

——《老子》二十二章語譯

人們教育自己的孩子，總希望他們聰明、機巧、剛強、好勝和富於競爭力，誰要是教他的孩子笨拙、柔弱、退讓、不爭，那準被人看成是個十足的笨蛋，或者是神經出了毛病的傢伙。想以自己的聰明才智來出人頭地，鶴立雞群幾乎是所有現代人的奮鬥目標，它是一個人在競爭中成功的標誌，因而也成了現代人工作學習的動力，精神苦悶的根源。「聰明反被聰明誤」，「煩惱皆因強出頭」。

老子認為，人類痛苦和紛爭的病根就在於乖巧過了頭，剛強過了分，假如大家立身處世都樸實、厚拙、柔弱、不爭，人們必定生活得幸福多了。如果說逞能爭勝、強自出頭在老子的時代所在皆是，那麼在現代人身上那就更刻骨銘心了；如果說老子這些思想在當時是對症下藥，那麼它在現代就是被人們熟視無睹的「祖傳秘方」。

智慧樹上的苦果

普通人只看到了文明所帶來的便利，而老子卻看到了文明所結下的苦果。

從表面上看，老子厭惡文明、智慧和科學，常常指責知識和學問，對文明的成果也不屑一顧，聲言「即使有各種器具，也不使用它；即使有船和車，出門仍然還是用雙腳走路；即使有語言文字，還是要用結繩記事。使大家吃得香甜，穿得漂亮，住得舒適，過得習慣。重新回到那種不用文字，不用智巧，無欺無詐，無爭無鬥，無憂無慮的黃金時代」（《老子》八十章）。幸好他自己沒有全照上面說的做，相反地卻用文字把上面的話記了下來，否則，我們今天就無從讀到《老子》了。有些人可能十分困惑：老子這樣偉大的智者爲什麼痛恨智慧？這樣有學問的人爲何厭惡學問？代表當時文明最高水平的人爲什麼要咒罵文明？難道坐船坐車不比步行方便快速？難道文字相對於結繩不是一種巨大的進步？

可以這樣說，正因爲老子的智慧過人，他才成爲中國歷史上第一個智慧和文明的咒詛者，當別人陶醉於文明所帶來的進步時，他敏銳地發現了這種進步所伴隨的消極影響。普通人只看到了文明所帶來的便利，而他卻看到了文明所結下的苦果。

文明的出現標誌著人類古老的道德高峰的消失。奴隸社會取代了原始社會，壓迫取代了平等，專制取代了自由，奸詐取代了誠實，險惡取代了善良，人與人之間的猜忌暗算取代了過去的和睦友愛。

老子一針見血地指出：

大道被廢棄，才有所謂的「仁義」；

聰明智巧出現了，才有可怕的虛偽；

家庭陷入了糾紛，才有所謂的孝慈；

國家陷入了昏亂，才有所謂的忠臣。

既然聰明、機巧和智慧，只能給人類帶來虛僞、欺詐和爭鬥，那我們還要這些害人的東西做什麼？所以，接下來老子提出了這樣的主張：「拋棄聰明和智慧，人民才有百倍的利益；拋棄了『仁』和『義』，人民自然會尊老撫幼；拋棄機巧和財利，盜賊自然就會消失。」

學會了機巧也就知道了欺騙，有了智慧也就懂得了虛僞，有了華貴的衣服，自然就講究虛榮，有了錢財貨物，佔有的慾望也更大。所有這些是社會紛爭和個人煩惱的根源，拋棄了聰明機巧，人們就外表單純，內心淳樸，沒有私心，沒有貪慾，大家又會像兒童一樣地天眞和幸福。

智慧常常被盜賊偷走

在人民只能當牛做馬的世道裡，一切智慧都是爲大大小小的强盜服務的，從竊國大盜的皇帝到偷雞摸狗的小偷，無不從智慧和機巧中撈到好處。這話是否說得太絕？不一定。

老百姓不是最有智慧的嗎？是的。可惜，最精巧的石匠爲秦始皇建造陵墓，爲埃及的國王建造金字塔；最精巧的建築師，爲慈禧太后設計圓明園，爲路易十四設計凡爾賽宮；最靈巧的刺繡能手，爲皇帝刺繡龍袍，爲皇后刺繡圍巾。

一般平民就不能用智慧為自己謀福利嗎？當然可以。為了防備開箱、掏布袋、破櫃子的小偷，人們就捆緊繩索，上緊鎖鈕，這就是世上人們替自己謀福利的智慧和聰明。然而，盜賊一來，便背起箱子，抬起櫃子，挑起布袋就走，他們還怕主人的繩子捆得不緊、鎖上得不牢哩。替自己防身的智慧聰明最終不是方便了盜賊嗎？

一家一戶是這樣，一個國家一個民族又何嘗不是這樣？

春秋末期的齊國，在膠東平原上鄰里相望，雞鳴狗叫聲相聞，魚網所散布到的範圍，犁鋤所耕作的地方，方圓幾千里。它的四境之內凡是建立宗廟社稷，以及大小不同的行政區域，有多少聰明的政治家、天才的文學家、傑出的科學家、高明的手藝人。可是田成子一旦殺了齊君而盜取了齊國，所盜取的豈止是齊國的土地、財富，他連齊國的一切聰明、才華、機智也一起盜去了。他竊取了齊國的這一切以後，就成了名正言順的齊國國王，誰還敢說他是偷竊國家的大盜呢？別的小國不敢非議他，大國也不敢討伐他，齊國的文學家把他吹捧成最英明的領袖，齊國的大臣稱頌他是比堯舜還偉大的君王。這不正是竊取了齊國，又用齊國的智慧來保護自己的盜賊之身嗎?他與盜竊錢包和箱子的小偷,連同鎖箱子的鎖和捆袋子的繩子一起偷走是同一道理。

是最聰明還是最愚蠢

萬物之中要數人類最有智慧,同時也數人類最為荒唐。在說不清的萬物之中,是人最聰明還是最愚蠢?

時至今日,我們所擁有的豐富知識、科學的發達、技術的精湛,老子要是看到了一定會驚奇的目瞪口呆。人類所創造的巨大精神財富和物質財富,的確值得人類自身驕傲;然而,人類利用自己的聰明才智,在自己所居住的地球上所造成的局面又叫人沮喪。

弓箭、羅網、機關、槍彈的智巧多了,天空的鳥就被擾亂被殺死;鈎餌、魚網、竹簍的智巧多了,水底的魚就被捕光;陷阱、地雷、手槍多了,地上的野獸就被殺光;工廠的煙囪、人們的汽車多了,大氣層中的臭氧層就被破壞,地面上空氣就被污染；斧頭和鋸子越來越先進，森林的面積也越來越少，樹木逐漸被砍光。現在，許多鳥、魚、獸的種類越來越少，不少品種已經絕跡或瀕臨滅絕，水和空氣的污染越來越嚴重，清澈的水和清新的空氣幾乎成了稀世珍寶，大片的森林被砍光，人類給自己留下的沙漠倒是越來越多。頭上掩蔽了日月的光明，腳下毀壞了山川的菁華，如果像這樣繼續下去，人類的聰明才智有一天會把地球破壞得人類自己也不能居住了。人類的智慧看起來是在為自身營建天堂，實際上是在為自己挖掘墳墓。我們一邊用聰明才智製造大量先進的武器在戰場上殺人，一邊又生產大量的靈丹妙藥在後方搶救傷病；一邊建造龐大的水廠沈澱清潔用水，一邊又驚人地污染水源；一邊打太極拳希望自己長生，一邊又抽煙吸毒讓自己短命。

連我自己也弄糊塗了，說不清在萬物之中，是人最聰明還是最愚蠢。

大智若愚

人似智而實愚，水似愚而實智，因為人喜歡違反自然而玩弄小聰明，水遵循本性而拋棄智巧。

比起人來，世間靈物也都只能算笨拙了，即使最靈巧的動物，也只能有一點從它們祖先那裡繼承來的本能技巧，一變應一變而已。它們既不會像人那樣見風使舵，也不會像人們那樣花言巧語，更不會像人那樣陽奉陰違，但它們也不可能像人那樣經常喪失自己的本性，它們從來是老老實實按自己的本性生活。

譬如：水的本性是往下流，它從不違反本性從下往上走。

它不慷慨激昂地表態，不誇誇其談地寫決心書，事情還沒有開始就聲稱要奪取最後的勝利。它認定了目標後就一個勁往前奔，任何障礙也擋不住它，石頭擋住了去路，它就繞道而行；大壩擋住了去路，前面的水就主動作自我犧牲——將大壩灌滿，然後讓後來者從壩上或壩側流向前去。在奔向目標的過程中，水從來不相互嫉妒，相互排擠，相互傾軋，而是相互團結、相互包容、相互激勵，由小溪流入小河，由小河流入大河，由大河匯入大江，最後實現自己的奮鬥目標——投入大海母親的懷抱。

水沒有人那麼多小聰明，不會玩弄花招，不會投機鑽營，但它總是達到了自己的目的，不爲而成。人當然比水「聰明」多了。爲了得到自己夢寐以求的異性，會甜言蜜言大獻殷勤；爲了得到高官厚祿，會出賣人格去吹牛拍馬屁；看到同伴在事業上飛黃騰達，就會四處造謠中傷；爲了實現高壽的願望，不惜用重價買補藥練金丹。

可悲的是，人類幾乎沒有一個偉大的目標是圓滿實現的，不管是什麼理想或是什麼主義，要麼是這些理想或主義本身有問題，要麼是沒有實現這些理想或主義的意志和毅力，它們的結局多半是付諸東流。主張和平卻挑起了戰爭，提倡博愛卻落得憎恨，追求幸福卻得到苦惱，想上天堂卻掉入了陷阱……

人似智而實愚，水則似愚而實智，因爲人喜歡違反自然而玩弄小聰明，水遵循本性而拋棄智巧。

機關算盡太聰明

機關算盡太聰明，反算了卿卿性命！玩弄陰謀詭計聰明得過了份，到頭來卻斷送自己的性命！

王熙鳳是《紅樓夢》中寫得最鮮明生動的人物。曹雪芹這樣描繪她的外貌：「一雙丹鳳三角眼，兩彎柳葉掉梢眉，身量苗條，體格風騷。」她不僅是賈府中「有名的潑辣貨」，也是賈府實際上的當權者。爲人口巧心狠，詭計多端，辦事潑辣幹練，用現在的標準來看也要算難得的女強人了。

她憑藉賈府的太上皇賈母的寵愛，依靠娘家的權勢，用心歹毒，手段凶狠，一方面鐵面無情地鎮壓家奴，一方面又毫不手軟地懲治家族內部的爭權者。同時，爲了支撐日見衰敗的賈府，她又喪心病狂地搜括和聚斂財富。

鳳姐的能幹和機智，在賈府上下是大家公認的，幾乎是所有人都領教過她的手腕。然而，她的那些聰明幫了她的倒忙，曹雪芹這樣給她算命：

機關算盡太聰明，
反算了卿卿性命！
生前心已碎，
死後性空靈。
家富人寧，
終有個，
家亡人散各奔騰。
枉費了意懸懸半世心，
好一似，蕩悠悠三更夢。

譯成現在的白話是說：「玩弄陰謀詭計聰明得過了份，到頭來卻斷送了她自己的性命！活著已把心操碎，死了後成了個鬼魂。原指望家族興旺人安寧，卻落得個家破人散瓦解土崩。枉費了提心吊膽的大半生，眞好像虛無飄渺半夜三更一場夢。」

老天好像專門和她作對：她拼命聚斂財富，事實上挖了賈府的牆腳，傷了這個大家族的元氣；她冷酷地鎮壓家奴，卻引起了更激烈的反抗；她在家族的爭權中成了勝利者，卻來了更多的怨恨。我們來看看她的結局——後來她躺在床上奄奄一息時，一個丫頭對她的丈夫賈璉說：「奶奶這樣，還得再請個大夫瞧瞧才好啊！」賈璉啐道：「呸！我的性命不保，我還管她呢！」王熙鳳在病床上聽到丈夫這些話後「眼淚直流」，傷心地對丫頭說：「如今枉費心計，掙了一輩子的強，偏偏兒的落在人後頭了！」她纏綿病榻之際，被她整死的尤二姐的陰魂跑來對她說：「姐姐的心機也用盡了，咱們的二爺糊塗，也不領姐姐的情，反倒怨姐姐的作事過於刻薄，把他的前程丟了，叫他如今見不得人。」

鳳姐的這些聰明，都是滿足個人私慾的「小巧」，既違背本性又觸衆怒，因而她的必然歸宿是：聰明反被聰明誤。

弄巧成拙

俗語說：「吃虧就在於不老實」，佔小便宜必定要吃大虧。

唐代一名姓朱的太尉，曾兩度出鎮浙右，第一次離開浙江時，他去寺廟中與一位老和尚話別，臨別時送他一枝竹杖作紀念。這枝拄杖雖是竹子卻呈方形，拄時根部朝上，節眼須牙四面對出，自然可愛。朱太尉很珍惜它是想像得到的，將它送給和尚作紀念實在是看了他的大面子。

和尚也十分領情。幾年後朱太尉又出鎮浙右，到任不久就去拜訪老和尚，問上次送的竹杖還在不？和尚說：「至今我還珍藏著它。」和尚興沖沖地拿出來一看：方形已削成了圓形，又在上面塗了一層漆。朱太尉見後喪氣嘆息了好幾天，從此就與這位和尚絕交了。

這枝竹杖是大宛國送給太尉的珍貴文物，其他幾枝竹杖都是圓的，唯這一枝是方形。那位和尚為了竹杖更美，用人工改變了竹杖的天然形態，結果卻把寶貴的文物變成了不值一文的俗物。

和尚把奇特的方竹杖削成普通的圓竹杖，這種弄巧成拙尚不失為沈悶的人生中一種笑料，人類的許多弄巧成拙卻造成了可怕的悲劇。

第二次世界大戰期間，英國軍隊中有一名下級軍官，用許多巧計蒙蔽了上級和同僚，竊取了有將才的虛名。一次在與德軍的重大戰役中，他被任命為先鋒部隊的指揮。大敵當前他完全傻了眼，平時搞陰謀詭計的伎倆全不管用。部隊全軍覆沒，他自己也掉了腦袋。

許多人一生就是吃虧在聰明上，不管是為人還是求學都想用點小巧，與人交往不眞誠，學習又求捷徑，最後在人際關係上失去了別人的信任，在學問和事業上一事無成。

你騙了別人，別人就會騙你；你騙了書本，也就是騙了自己。俗語說：「吃虧就在於不老實」，佔小便宜必定要吃大虧。

呂端大事不糊塗

呂端不是那種耍小聰明搞小動作的小人，是一位大事不糊塗能辦大事，成大事的君子。

呂端不僅是北宋的一代名臣，也是中國歷史很有個性的宰相。此人是個天生的樂天派，見人就喜歡開個玩笑，為人寬和寬道，從來不搞別人的「小動作」，別人搞了他的「小動作」有時全然沒有覺察到，就是覺察到了也全然不把它放在心上。人家不管做了什麼對不起他的事，他好像從來沒有裝進腦子裡。他那張寬大的臉龐上，一天到晚都掛著笑容。

他在宋太祖時多次被貶官，從中央斥退到地方，又從地方提升到中央，幾經反覆，但不論官職是升是降，他的情緒從來不受影響。

在太祖朝被拜為宰相之前，他幾次做地位很高的朝官職位都相當於今天的「部會首長」。他從來就沒有一點「部會首長」的派頭，喜歡和自己談得來的人聊天，一見人家生活有困難就掏自己的腰包。很少過問家事，更不會爲兒女們開後門找個好工作。史書上說他當了幾十年官，家中完全沒有什麼積蓄，他一死，一大群兒女生活就很困難，爲了結婚和出嫁，把房子典賣出去。宋眞宗皇帝聽說後，才從國庫裡撥五百萬錢把房子贖回來。

他和寇準同拜參知政事，主動要求把自己的名字排在寇準之下。

他既不會鑽營，又不會搞「小動作」，也不會開後門，整天總是樂呵呵的個性，於是，許多人都暗暗地議論說：「呂端糊塗。」

當時呂蒙正做宰相，太宗想改拜呂端爲相，消息一傳出去，輿論嘩然，不少朝官對太宗說：「呂端這樣的糊塗蟲怎麼能擔當宰相這樣的重任呢？」太宗說：「呂端小事糊塗，大事不糊塗。」決心拜他爲相。

拜相不久，叛將李繼遷騷擾西北邊境，保安軍抓到了李繼遷的母親。太宗與寇準商定，準備將她在保安軍北門外斬首示衆，以警告叛逆。呂端聽說後馬上找太宗說：「斬了他母親，叛軍繼遷就能捉到嗎？如果捉不到，這樣做更堅定了他的判心。不如先供養她，我們就掌握了主動。」太宗聽後拍一下大腿說：「要不是你，我險些誤了大事。」後來果如呂端預料的那樣，繼遷不敢再放肆了。

太宗死後，宦官王繼恩害怕當時的皇太子過於英明，暗暗與參知政事李昌齡等勾結，在李皇后的授意下，陰謀另立太子。李皇后派王繼恩召請呂端，他非常敏銳地察覺到了這場宮廷政變，因而先發制人，把王繼恩穩住，然後再去見李皇后。李皇后說：「立嗣立長子才順理成章（後來的眞宗不是長子），你認爲應怎麼辦？」呂端這次可沒有笑呵呵的，他嚴肅剛正地說：「先帝立太子就是爲了今天，他剛離世就要違命另立太子嗎？」於是奉太子到福寧庭中。

眞宗既被立爲皇帝，垂簾接見群臣，呂端這次可沒有糊塗跪拜，他平立殿下不拜，請把簾捲起來後看清了是原先的太子，然後才率群臣拜呼萬歲。

可見，呂端不是那種耍小聰明搞小動作的小人，是一位大事不糊塗，能辨大事、成大器的君子，就像老子所說的那樣：「大巧若拙」。

有的人

有的人遇事都願意自己吃虧，結果世人都願意讓他佔便宜；寧可委屈自己也不願委屈別人。

有的人看起來精明強悍，「寧可我負天下人，不願天下人負我」是他們做人的宗旨。老是想著撈社會的油水，吃一點虧就大喊大叫，結果反而老是吃別人的虧。他們受不得一點委屈，有一點委屈就四處張揚，結果一輩子受盡了窩囊氣；他們總想昂首挺胸地站在別人頭上，向世上炫耀他是多麼了不起，結果他卻總是受別人的欺侮和嘲弄；他們自以爲是其他一切人的主人，而結果卻比其他一切人更是奴隸。

有的人遇事都願意自己吃虧，結果世人都願意讓他佔便宜；寧可委屈自己也不願委屈別人，結果反而能揚眉吐氣；從來不以自己的才華驚世駭俗，結果卻承擔了重大的歷史重任；向社會只求奉獻不求索取，結果卻從社會中獲得了許多益處；從來不把自己淩駕於他人之上，結果贏得了大家普遍的尊敬與愛戴；從來不與別人爭權奪利，結果他沒有一個競爭對手，在社會上獨領風騷。

前一種人是小聰明大糊塗，後一種人是小糊塗大聰明；

前一種人似精明而實笨拙，後一種人似笨拙而實聰明。

我們冷靜地觀察一下周圍的那些小人，他們常常絞盡腦汁玩弄一些鬼把戲，向自己的同事、上級甚至親人隱瞞眞相，自以爲有辦法瞞天過海，欺上罔下，其實是在做著「此地無銀三百兩」和「隔壁王二不曾偷」的蠢事。他們把善於說謊看成是精明強悍，實際上恰恰是軟弱無能，眞正精明強悍的人用不著遮遮掩掩。小人以搗鬼爲能事，並欣欣然自以爲得計，然而，正像魯迅所說的那樣，「搗鬼有術，也有效，然而有限，所以以此成大事者，古來無有。」

還是老老實實地正道直行吧，只有正道直行，才能大道通天——成就一番大事業。

柔弱不是懦弱

一個老實厚道、柔弱退讓、絕不是懦弱的標誌，卻是聰明持久的象徵。

如今，「老實」成了「無用」的別名，「柔弱」成了「懦弱」的標誌。為了不被人看成無用的廢物，大家就去投機取巧；為了不被人看成是懦弱的笨蛋，大家就去逞能鬥強。

我們在生活的這個世界，到處充滿了機巧、險詐、說謊、欺騙、逞能、陰謀、鬥爭，而老實、忠厚、善良、退讓、柔弱、等美德都逃得無影無踪了。

彼此都逞能，所以暗算代替了友情；彼此都搞陰謀，所以人間處處是陷阱；彼此都說謊，所以世界沒有眞誠；彼此都以爲自己聰明，所以彼此都愚蠢；彼此都想佔對方的便宜，所以到頭來大家都挖了自己的牆腳。

其實，老實，絕不是無用，柔弱不等於懦弱，相反，老實才能成就大事，柔弱才能保存自己戰勝他人。我們來聽聽老子與商容的一段對話。

商容是殷商時期的一位貴族，也是當時一位很有學問的人，老子就曾從他求過學。當他生命垂危的時候，老子來到他床前問候說：「老師您還有什麼要教誨弟子的嗎？」

商容說：「我的思想你已完全掌握了，現在我只想問你：人們經過自己的故鄉時要下車步行，你知道這是爲什麼嗎？」

老子回答說：「我想這大概是表示，人們沒有忘記故鄉水土的養育之恩吧。」

商容又問道：「走過高大葱翠的古樹之下，人們總要低頭恭謹而行，你知道其中的原因嗎？」

老子回答說：「也許是大家仰慕它頑強的生命的緣故吧。」

商容張開嘴讓老子看，然後說：「你看我的舌頭還在嗎？」

老子大惑不解地說：「當然還在。」

商容又問道：「那麼我的牙齒還在嗎？」

老子說：「已全部掉光了」。

商容目不轉睛地注視著老子，說：「你明白這是什麼道理嗎？」

老子沈思了一會兒說：「我想這是剛強的容易過早衰亡，而柔弱的卻能長存不壞吧？」

商容滿意地笑了笑，對他這個傑出的學生說：「天下的道理已全部包含在這三件事之中了。」

俗語說：「狂風吹不斷柳絲，齒落而舌長存」，又說：「舌柔在口，齒剛易落」，都是表明柔弱勝剛強。

一個人老實厚道、柔弱退讓，絕不是懦弱的標誌，卻是聰明持久的象徵。

蠢蟲的聰明

天之所以能長久，就是因為它不為自己而活著，無私地養育萬物。

把自私和坑人看成聰明，把捨己爲人看成是傻氣，這在如今的少數人中幾乎是一種時髦。他們一切行事都是爲了一個目的：爲己。拔一毛而有利於天下，這種「蠢事」他們是決不做的，爲了一人一家的幸福，他們會毫不猶豫地損害整個國家和民族的幸福；爲了煮熟自己一個雞蛋，他們不惜燒掉別人的一棟房子；把自己看成是宇宙的太陽，讓全世界都圍繞自己利益的軸心旋轉。

我們並不否認自私者的小聰明，然而這是一種十分卑鄙的聰明。他們像是蠹蟲，爲了塡飽自己的肚子而蛀空房屋的大樑；他們又像老鼠，把地基全部打洞鑽空，在房裡倒塌之前逃之夭夭；他們也像鱷魚，在把別的小魚吞到口中之前，還要假惺惺地流眼淚。

自私者的聰明其實是一種愚蠢。他們只顧自己不顧別人，到頭來他自己的房屋只有自己去蓋；他們一心想著坑害別人，到頭來卻坑害了他們自己；他們老想讓別人過不去，別人自然也會帶給他們小麻煩。

老子說：我們人應該效法天地。俗話不是常說「天長地久」嗎？天地之所以能長久，就是因爲它不爲自己而活著，無私地養育萬物，不爲自己而生存所以能長生。

假如我們能像天地那樣，處處把自己放在最後，那麼自己反而能占先；把自己置之度外，生命反而能得以保全，正是由於自己毫不自私，反而能達到自私的目的。不把自己的利益放在前頭，就能贏得大家的愛戴；優先關心的是社會的福利，人們就會推舉你來作首領；只有不爲自己，才能成就自己的大事業，留名千古。

攻與守

用兵的說得好：「我不敢取攻勢而取守勢，不敢前進一寸而要後退一尺。」這就是人們所說的沒有陣勢可以擺，沒有胳膊可以舉，沒有敵人可以對，沒有兵器可以執。禍患沒有比輕敵更大的了，輕敵幾乎丟掉了我的「三寶」。

——《老子》六十九章語譯

將要收斂它，必須先擴張它；將要削弱它，必須先增強它；將要廢棄它，必須先興起它；將要奪取它，必須先給予它。這就是一種深沈的智慧。

——《老子》三十六章語譯

老子的智慧涉及到各個方面，既有玄而又玄的哲學思辨，有落實到現實生活上的人的行爲藝術，也有治國和用兵的謀略，由於他那種獨特的眼光和獨特的思維方式，使他發現了許多別人發現不了的社會現象，總結出了不少行政、用兵和生活經驗。他的這些經驗現在被廣泛用於企業、商業、外交以及生活的每一個領域。說來也怪，老子這位主張拋棄一切智慧的哲人，反而給後人提供了最多最有用的智慧。

欲弱先強

「要想削弱它，必須先讓它强大起來」，老子這句話著實讓人費解。要把惡勢力扼殺在萌芽狀態之中，防微杜漸等等，是人們常常聽到的處世格言。

因爲，羽翼未豐之時容易對付，翅膀硬了以後就難於收拾。難道大家忘得了「養虎貽患」的成語嗎？誰會傻到把小老虎好好養起來，等它長到凶猛無比時才去制服它呢？但這只是一個方面。

越國被吳王夫差打敗後，越王勾踐被迫求和，放下國王的架子，主動給吳王夫差當奴僕，後來做了一名吳王的馬前卒。便覺得是莫大的成功。回國後還一直小心侍奉吳王。聽說吳王準備過江攻打齊國，爭奪北方的霸主，越王勾踐趕來朝見，還貢上許多禮物，表示對他北伐的鼓勵和支持。吳在今山東萊蕪縣打敗齊軍，把勢力範圍擴大到長江到濟水，在宋國的黃池與諸侯會盟，和強大的晉國爭做盟主。等吳王在北方耀武揚威的時候，越王勾踐趁吳國久戰疲憊，外強中乾的機會，一舉打到了吳國的首都。

勾踐促使吳國擴張領土，四處逞雄，讓它表面越來越強大，實際上是耗盡吳國的潛力，最後使它不堪一擊。

欲廢先興

「欲廢先興」所依據的原則也是推動事物走向自己的反面。「要想廢掉它，就必須先讓它興盛起來」，歷史上許多政治家就是運用這種方法幹掉對手的。

戰國時鄭武公的夫人武姜先後生了兩個兒子：莊公和共叔段。她生莊公時不幸難產，據說是倒著從娘胎裡出來的，把這位鄭國的第一夫人嚇得昏了過去，所以給兒子取名爲「寤生」（倒著出生）。兒子的出生險些要了她的命，因而她打心眼裡討厭這個兒子，處處都看他不順眼。感情上偏愛小兒子，想立他爲王位的繼承人。她多次在枕頭邊向丈夫撒嬌進言，但鄭武公可不像妻子那樣感情用事，一直沒有答應她的要求。

等到大兒子莊公登上王位以後，她就跑去爲小兒子說情，要他把制這個地方封給共叔段。莊公對他母親說：「制這個地方太危險，當年國叔就在那兒送了命，我怎麼忍心把自己的親弟弟往虎口裡推呢？其他任何地方謹從母命。」她又要求把小兒子封在京這個地方，莊公應允了，於是，人們就稱共叔段爲「京城太叔」。

莊公的這位老弟去了封地以後，仗著母勢，完全不按先王的法制建築自己封地治所的城牆。鄭國大夫祭仲去找莊公說：「封地的城超過了三百丈，就會危及國家的安全和統一，大城的城牆不得超過國都的三分之一，中等的不得超過五分之一，小的不得超過九分之一，這是先王訂下來的制度。眼下京城太叔的城牆超過了國都，違反了先王的制度，您作爲君王怎麼會呑下這口氣？」莊公無可奈何地說：「姓姜的老婆子要這樣，我有什麼辦法呢？」祭仲說：「姓姜的什麼時候知道滿足呢？不如早早打主意，不要放任這種現象惡性發展。再發展下去就難辦了。亂長的野草尚且不好除盡，何況國君寵愛的弟弟呢？」莊公說：「壞事做多了，必然自取滅亡，你們先等等看吧。」

接者，太叔讓西北原不屬他自己封地的地段同時屬於自己。鄭國大夫公子呂對莊公說：「國家不能承受這種二屬的局面，敢問您將如何處置他？如果想把國家讓給您的弟弟，我請求去侍奉京城太叔；如果不想把國家讓給他，就乾脆把他除掉，不要讓百姓因有兩個政權而生二心。」莊公笑了笑說：「用不著這樣，他會自取滅亡的。」

京城太叔得寸進尺，胃口越來越大，很快把原來偷佔的地方公開宣佈是自己的，又把自己封地的邊界擴大到了廩延這個地方。子封見此十分擔心地說：「現在是京城太叔一統天下的時候了，他的地盤越來越大，將要擁有的臣民越來越多，這樣就越來越難制服。」莊公冷靜地說：「老弟對君不義，對兄不親，土地再廣大，人民也不會依附他，他會像沙兵那樣頃刻崩潰。」

太叔修築城郭，訓練士兵，製造戰車，準備突襲鄭莊公，莊公的母親姜氏作小兒子的內應。莊公刺探到他弟弟偷襲的時間後說：「現在是幹掉他的時候了。」命令子封率領二百乘戰車討伐太叔的封地，太叔的百姓都背叛了他，他狼狽地逃到鄢這個地方，莊公又派兵尾追到鄢，他又逃竄到共。

莊公早就想幹掉野心勃勃的弟弟，但他並不在弟弟野心還未暴露時動手，因爲這樣作會遭到道義上的譴責，而且也不好向他那偏袒弟弟的母親交待。他採取的辦法是先盡量滿足弟弟的貪慾，縱容他的一切不義行爲，姑息養奸，讓弟弟和母親的不仁不義的野心全都暴露在世人面前，失去道義和人民的支持，並進而自取滅亡。這就是莊公出色地運用「欲廢先興」的經驗。

欲取先與

「要想得到，必須先拿出。」老子這句話凝聚了中國豐富的生活智慧和政治智慧。

從君臨一切的國王到指揮千軍萬馬的將軍，從坐著豪華轎車的權貴到騎自行車上班的小民；從腰纏萬貫的大亨到不值一文的窮光蛋，無不熟悉並運用過這種智謀。它在長期的運用和實踐中，還獲得更生動、更形象、更通俗的說明——

不放出野山雞，就引不來金鳳凰。

不放誘餌，就釣不到大魚。

爲了達到自己的某種目的，先慷慨地四處送情；爲了做成一筆交易，先不惜大方地請客送禮。這些包藏著功利目的脈脈溫情，這些吃小虧佔大便宜的處世之道，在日常生活中司空見慣。現在我們來看看「欲取先與」這一智慧在政治軍事上更爲複雜的運用。

春秋時晉獻公準備偷襲虞國，先殷勤地送虞王寶璧和駿馬，請求借虞國的道路去討伐虢國。虞王拿了人家的東西手軟，一口答應讓晉兵路過自己的國土。宮之奇聽說後跑去進諫虞王說：「虢國是我們虞國的門戶和屏障，虢國要是滅亡了，虞國還能存下去嗎？借道給晉兵就刺激了它的貪心，萬萬不可對侵略者掉以輕心。兩年前那次借道給晉軍就很過份，現在怎麼還能再借道給他呢？俗話所說的『唇亡齒寒』，就是指虢國和虞國這種關係啊！」

虞王哪裡聽得進宮之奇的勸告呢？他捨不得失去晉國送來的寶璧和駿馬，漫不經心地對宮之奇說：「晉國與虞國同宗同姓，難道還會害我嗎？」宮之奇說：「要說到同宗同姓，晉國與虢國的血緣還近些，晉國與虢國比與我們更親，現在晉國連虢國都準備消滅掉，怎麼還會愛到我們虞國頭上來呢？」虞王聽不進這些勸告，他邊聽宮之奇的話邊玩摸晉王送來的寶璧，仍然不改變先前答應晉使借道的要求。宮之奇見虞王這樣昏庸貪財，帶著全族的人離開了虞國。

果然不出宮之奇所料，晉人消滅了虢國以後，回師時順便吃掉了虞國，虞王當了俘虜。

晉國時「欲取先與」好像特別在行，在政治和軍事中屢次運用後達到了預期的目的。下面的歷史故事說的又是春秋時的晉國——晉大夫智伯想討伐仇由這個小國家，惱火的是道路艱險難行，於是他就鑄了一口大鐘贈給仇由國王。這個小國的國王難得收到別國的禮品，想不到收到了這口大鐘，而且是強大的晉國送來，高興得昏了頭，連忙命令人修通道路去迎接晉使。仇由的大臣赤章曼枝說：「此事萬萬使不得。從來只見小國鑄大鐘貢給大國，而今天大國向我們獻大鐘，它的軍隊一定會跟著大鐘而來。我看大鐘不能接受。」仇由國王一心想著過一下別國向他進貢的癮，赤章曼枝的話使他大為掃興，他狠狠地瞪了這位不會察言觀色的呆子，把他的話當成了耳邊風。他急急忙忙修路迎接晉使。很快他收到了晉國的大鐘，同時也迎來了晉國的大兵，收鐘之日也是他的滅亡之時。

打人要先縮回拳頭

戰爭中為了進攻敵人，有時還得先讓軍隊後退，就像要用拳頭打擊對方，就得先把自己的拳頭縮回來一樣。

司馬遷的《史記》中把老子與韓非子並在一起立傳，這說明他們二人有某種內在聯繫。這位偉大的歷史學家指出：韓非子學說的源頭來於老子。唐代王眞還認爲《老子》五千言，「沒有一章不是爲兵家謀略的。」唐宋八大家之一的蘇轍也認爲老子與孫子相近。眞是奇怪，老子這位主張棄絕一切智慧機巧的哲人，和講求兵不厭詐、講求權術陰謀的居然成了親家。的確，我國歷史上一切陰謀家、軍事家沒有不向老子求教的。《老子》曾經說過：要想削弱敵人，必須先增強敵人；要想摧毀敵人，必須先使敵人趾高氣揚；要想從敵人那兒奪取陣地，必須暫時給與敵人一些土地。

戰爭中爲了進攻敵人，有時還得先讓軍隊後退，就像要用拳頭打擊對方，就得先把自己的拳頭縮回來一樣，老是把拳頭伸出去喊「打，打，打」，打出去的拳頭就必然沒有力。

以弱勝強

物極必反，避短揚長。則弱亦強，弱可勝強。

老子一貫另具慧眼，重視陰、柔，認爲柔能克剛，陰能制陽，弱能勝強。不少軍事家以老子這一思想爲指導，成功地運用老子以弱勝強的思想，在中國歷史上創造了許多弱勝強的光輝戰例。

中國戰國時期的晉楚城濮之戰，秦末的楚漢成皋之戰，三國時的吳蜀彝陵之戰，東晉時的秦晉淝水之戰，都是大國強軍打了敗仗，小國弱軍打了勝仗。

春秋時魯國與齊國交戰，當時魯是一個弱小的國家，而齊國是當時的霸主，但魯國上下不畏強敵，團結一心地抗擊敵人，最後終於打敗了齊軍。還有齊與燕的戰爭。這兩個國家交戰的時候，齊湣王剛剛南敗強大的楚國，在西邊打敗了三晉，又派兵襲擊了有虎狼之稱的強秦，一邊又攻伐身邊的宋國，大敗了弱小的燕國，他在國都臨淄躊躇滿志，他的大臣更是拍他的馬屁，把他吹得神乎其神，他自己也覺得自己是個「常勝之君」，齊國眞的可以無敵於天下了。燕昭王繼承王位以後，立志爲燕國雪恥報仇。他自知地狹力薄的燕國不是齊國的對手，因而四處網羅各種人才，禮賢下士，一方面在國內發展生產，一方面又積極擴軍備戰。當時著名的軍事家樂毅來到了燕國，燕昭王謙恭地向樂毅請敎伐齊的事宜。齊湣王見燕國對他畢恭畢敬，全然沒有把它當一回事。燕如果向齊挑釁，這不是明擺著拿雞蛋碰石頭嗎？

燕昭王與樂毅就是要碰碰齊國這塊又臭又硬的石頭。他們正在緊鑼密鼓地備戰。燕昭王明白燕國不可能單獨打敗齊軍，戰前進行了大量的外交遊說活動，聯合趙、楚、魏三國。經過周密的戰略謀劃，公元前二八四年，燕昭王命樂毅爲上將軍，統帥燕、趙、魏、韓、楚等國軍隊，在濟西向齊軍發動進攻，一舉殲滅了齊軍的主力部隊，接著乘勝連破齊國七十餘城，攻破齊的國都臨淄，使驕橫的齊湣王措手不及，由「無敵之君」變成亡國之主。

弱何以勝強？因弱則有自知之明，則有危機感，則能臨危發憤，謹慎小心，踏踏實實。於是物極必反，避短揚長。則弱亦強，弱可勝強。

兵家的正與奇

《老子》五十七章說：「以堂堂正正的方法治國，以奇詐詭譎的方法用兵。」

老子的這一思想被孫子進一步發揮，成爲一條重要的戰術原則。孫子說：用兵是一種詭詐的行爲，所以能打要裝做不能打，想打偏裝做不想打，要向近處卻裝做要向遠處，要向遠處又裝做要向近處。敵人貪小利就用小利引誘它，等它混亂就乘機攻取它。對手力量充實時就防備它，兵力佔優勢就避開它；激怒對手以制服它，卑辭示弱以使它驕傲；敵人休整得好就設法使它疲勞，它內部和睦就離間使其分裂；以出乎敵人意外的行動，攻擊它完全沒有防備的地方。這是軍事家取勝的奧妙，作戰方案要隨機應變，不能事先規定一個死框框。

漢高帝三年十月（公元二〇四年），韓信奉命率兵數萬攻趙，井陘口東有二十萬趙軍死守，如果與趙軍在戰場上「光明正大」地硬拚，顯然漢軍是沒有辦法取勝的。幸而趙將陳舍是個笨伯，死守著「不用詐謀」的教條，決不採用「不光彩」的辦法攻打對手。韓信摸透了對方將軍的愚蠢和古板，決定出奇兵置敵人於死命。他命令部隊在井陘口西三十里紮營，深夜派一千輕騎潛伏在趙軍附近的山中，又派一萬人為前鋒，越過井陘口背著綿河列陣。趙軍當然不會懷疑韓信搞「小動作」——在附近埋有伏兵，因為趙軍統帥陳舍從不在戰爭中搞「小動作」，韓信這樣的名將怎麼會搞「小動作」呢？他見了背水列陣的漢軍前鋒暗暗發笑，韓信也是徒有虛名而已，竟然不懂得兵家之大忌，自陷部隊於死地。趙軍一心想把這些自己送死的傻瓜一口吃掉。天亮後韓信命令全軍主力衝過井陘口，趙軍急忙出來迎戰，韓信假裝潰敗退入背水陣中。趙軍全力攻擊背水的敵人，漢軍竭力死戰。這時，提前埋伏的二千騎兵一躍而起，突襲毫無防備的趙營，把趙旗換上了漢旗。趙營失守後趙軍大亂，韓信乘勢反擊，斬掉了陳舍，追擒了趙王，一舉滅趙。

本來佔優勢的趙軍失敗在它的將軍陳舍這頭蠢豬手上，帶兵打仗卻反對搞不光彩的「小動作」，最終被送了命，活該！只是坑害了那二十多萬被迫當兵的老百姓，他們因為將帥的愚蠢而不明不白灑血疆場。

暗渡陳倉

「以奇用兵」還包括製造假象，造成敵人的錯覺和判斷上的失誤。歷史上有則著名的——「明修棧道，暗渡陳倉」。

清代唐甄總結歷代兵書的戰略戰術思想時，特別吸取了老子「以奇用兵」的菁華。他認為老子的「以奇用兵」應包括三個方面：

- 出其不意，避實擊虛。在平坦的大道上，我軍所往也是敵軍所來，我軍爭奪它，敵軍防禦它，這樣不容易成功。善於用奇兵的指戰員，不出擊那些應當出擊的目標，而出擊那些不應當出擊的目標：沒有伏兵的山谷，沒有防禦的小徑，沒有堡壘的處所，突襲可以輕而易舉地得走。

•聲東擊西，攻其不備。料定必然要遭攻擊的地方一定防禦堅固，必然要攻的城池一定很牢固，必然要攻的時間一定有戒備，正面硬攻必定吃虧。善於作戰的人想攻出東線必定先攻擊西線，這樣敵方既要顧東又要顧西，想攻前方必定先攻後方，這樣敵人既要顧頭又要顧腳。

•製造假象，迷惑敵人。善於用兵的指戰員，不只是調遣手中已有的軍隊，正規軍之外有地方軍，無兵之處設疑兵，用散兵游勇擾亂敵人，用追兵來牽制敵人，調動少量部隊以迷惑敵人的視覺，弄出聲音來迷惑敵人的聽覺。

劉邦想打回關中，但自知強攻鬥不過霸王項羽，他拜韓信爲大將軍，一切軍事用作調遣。韓信吩咐樊噲和周勃，帶領一萬人修築去關中的棧道，限期三個月完工。棧道修不起來漢軍就過不去，但要修的棧道長三百多里，地勢不是峭壁就是懸崖，修了十幾天，死傷幾十人，只修了短短一段，累得監工和士兵都怨天恨地。樊噲、周勃都是劉邦的舊部下，破口大罵韓信瞎指揮，劉邦撤了他們二人的職，又派來新的將軍監督運木料，拉民夫，送糧草。漢王在修棧要打回關中的消息四處傳揚。關中守將章邯得知這一消息，調兵去擋住東邊的棧道口，但他心裡暗笑韓信是個草包，這樣子修棧道一兩年也完不成，把行軍大事全當兒戲。

可是他萬萬沒想到，一天他與軍妓調情時，突然傳來急報：劉邦的大軍已打到關中！章邯墮入了五里霧中，棧道不是還沒有修好嗎？漢軍難道長著翅膀不成？他哪裡知道，韓信帶著大軍根本沒有走棧道，是抄陳倉的小路偷襲關中的，鬧轟轟地修棧道只是障人耳目，使對方忽略了對小路的防守。章邯只知道死守在棧道口，讓他白白在那兒等了幾個月，一個漢軍的影子也沒有見到。這就是歷史上著名的「明修棧道，暗渡陳倉」。

鴿與狸

狐狸好像也學過老子的《道德經》，不然，它怎麼知道「以奇用兵」呢？

清代管同的寓言《記鴿》講了這樣一個故事——一個姓葉的人家抓獲了兩隻鴿子，捆上翅膀後放在室外餵著。一天，它們被狐狸發現了。狐狸知道它們都不能飛，抓住雌的吃掉。雄鴿怒不可遏，猛啄狐狸的腿部，狐狸疼得嗥叫而去。沒過幾天，葉家又獲一隻雌鴿。狐狸抓住機會想再吃掉它們。它先把新來的雌鴿吃掉了。由於前次被雄鴿啄過的緣故，它好像不敢靠近雄鴿。雄鴿自以爲很強大，放鬆了對狐狸的警惕，沒有多久，最終還是被狐狸吃掉了。

無怪人們把狐狸作爲狡猾的象徵，它吃掉三隻鴿子採取的種種手段，都暗合兵家的作戰原則。

它第一次看到兩隻鴿子時，本來想把雌的和雄的都吃掉，但吃雌鴿時弄得精疲力盡，它估計雄鴿要拚死抵抗，所以暫時嗥叫著離開，以避開雄鴿的鋒芒：這就是兵家避免與強大的敵軍正面作戰。

它第二次來的時候，並不是不想先吃掉雄鴿，但它深知上次的雄鴿必然防備森嚴，新來的雌鴿則全無防備，所以先易而後難，並且暗示雄鴿自己只想吃掉雌的，不敢打雄鴿的主意，使雄鴿得意而失去戒心：這就是兵家引誘敵軍驕傲懈怠。最後看到雄鴿毫無戒心，就趁其不備突然向它發起進攻：這就是兵家所謂的攻其不備，出其不意。

狐狸好像也學過老子的《道德經》，不然，它怎麼知道「以奇用兵」呢？

蜘蛛殺蛇

蜘蛛的手法不僅暗合「以奇用兵」的原則，還創造了「以弱勝强」的光輝範例。

一隻蜘蛛正在牆壁間吐絲做蛛網，離地面約二三尺，一條大蛇從它底下滑過，昂起頭想把蜘蛛吞掉，但搆了幾次都沒有搆著。過了好一會兒準備離開，蜘蛛突然從上空懸絲而下，好像要追趕蛇的樣子。這一下就把蛇給惹惱火了，它又昂起頭想把蜘蛛吞掉，蜘蛛援絲很快向上爬。蛇多次努力都失敗了，這次又準備離開，蜘蛛又從上空懸絲而下，蛇再次停下來昂頭張口等蜘蛛送死，可是蜘蛛在蛛網裡要下來又不下來。像這樣連續重複了三四次，蛇一直昂頭張口，「守株待兔」，久而久之，它疲憊不堪，它的頭沈重地垂向了地下，蜘蛛乘其不備，風一般飄下來死死地咬在蛇的頭上，蛇被咬得狂跳亂甩，直至斷氣。蜘蛛吸完了蛇的腦汁，脹著肚子滿意地離開了。

一開始，當蛇從蛛網下路過昂頭想吞掉它時，蜘蛛呆在網中不下來，這是「躲過強大的敵人」；待蛇心灰意冷準備離開時，蜘蛛又懸絲而下，給蛇某種可以吃到的希望，這是「牽制敵人」和「引誘敵人」；連續重複三四次，讓蛇一直昂頭張口等著，這是「拖垮敵人」或「疲憊敵人」；蛇被糾纏得疲倦不堪以後，再迅速置蛇於死地，這也是「攻其不備，出其不意」。

蜘蛛的手法不僅暗合「以奇用兵」的原則，還創造了「以弱勝強」的「光輝範例」。

禍與福

災禍裡面未必不藏著幸福，幸福裡未必不潛伏著禍根，這種禍福得失的循環變化，並沒有一個定準，誰能知道它的究竟呢？

——《老子》五十八章語譯

萬事如意只不過是人生的美好願望，在漫長的人生旅途上，每個人都會碰到這樣那樣的難題，命運之神喜歡捉弄我們，和我們開一些玩笑。希望富貴的偏叫你貧窮，希望顯達的偏叫你潦倒；世事並非總如人意，生活也不可能一帆風順，天氣晴明當然叫人開心，但陰雨連綿也不可避免。而我們有些人只想見到晴空萬里，一遇連綿的陰雨就嘆氣搖頭；只想採摘成功的鮮花，一品嘗失敗的苦酒就痛苦絕望。因此，聽老子說禍福、處成敗，一切便坦然釋懷。

無用之用

假如阿德勒沒有殘疾，他也許不可能創立自卑心理學，誰能說「無用」不會變為「大用」呢？

做父母的都盼望自己的兒女成龍成鳳，要麼成爲萬人敬畏的領袖，要麼成爲衆星捧月的明星，要麼成爲叫人稱羨科學泰斗，對兒女的期望過高往往帶來的失望越大，一旦發現子女並不是神童，就失望地指責他們無用。他們看起來非常愛自己的孩子，但這種愛又以功利目的爲前提，如果孩子不能給自己帶來榮耀就冷淡他們。這說穿了，不是愛孩子而是愛自己。再說，他們把有用也理解得太狹隘了，能帶來世俗的名利，就有用；否則，就無用。於是，歧視殘疾人和弱智兒童的事不斷發生，獻給那些「神童」的是甜蜜的笑容，留給那些「差等生」的則是冰一樣的冷臉。

古代有一個名叫疏的畸形人，他的頭縮進了肚臍底下，兩個肩膀聳過了頭頂，頸後的髮髻朝向天，五臟的脈管突出了背脊，兩條大腿和胸旁的肋骨幾乎是平行的。他這樣的人要是生在今天就可能成爲棄兒，別說能獲得爸媽的愛憐了，把他視爲多餘的肉瘤算是便宜了他，總之，他的「無用」就像他的畸形一樣，一目了然。

然而，他替人家縫衣服便足以養活自己，替人家卜卦算命足以養活十幾口人。有一年政府大量的征兵打仗，許多身手矯健的青年被送到前線當了炮灰，疏卻在征兵場大搖大擺地閒逛，誰也不來找他的麻煩。國家派人去遠方做苦役，他的名字一次也沒列上去，政府每年發放救濟財物時，大家都忘不了他。他不光因爲殘疾保全了自己的身體，最後還眞的發家致富，比那些手腳長得是地方的人活得還瀟灑。

奧地利現代心理學家阿德勒，他的身體有先天性的殘疾，爲此他的青少年時代一直爲自卑所困擾，後來他從自卑中崛起，創立了一種研究自卑的個體心理學，寫出了《器官低劣研究》、《超越自我》、《理解人生》等心理學名著，成爲具有世界影響的精神病學家。他不僅使我們以理解殘疾人的內心世界，也使我們加深了對人類自身的認識。

假如阿德勒沒有殘疾，他也許不可能創立自卑心理學，誰能說「無用」不會變爲「大用」呢？

散木的啓示

甘甜的井水最先枯竭，挺直的樹木最先遭斤斧，有用與無用誰講得清楚呢？

有一個名叫石的木匠到齊國去，路過曲轅時看見一株祭土地神的櫟樹。這棵樹真是大極了：幾千頭牛可以同時在這裡遮蔭，樹幹的圓周有上百圍，樹身像山那樣高聳入雲，直到八丈以上才有樹枝，而且還有幾根樹枝可以造船。圍著它看的人裡三層外三層，而這位木匠連看也不看一眼就走過去了。

他的徒弟站在那兒貪看好一會，追上木匠問道：「自從我拿起斧頭跟隨先生學藝以來，從沒有見過這麼好的木材，可是先生卻看也不看一眼就走了，這是什麼道理？」木匠說：「算了吧，別提啦！它是株沒有用的散木，用它做船很快就沈入水中，用它做棺槨很快就會爛掉，用它做器具很快會折斷，用它做門窗就會流污水，用它做屋樑又會生蛀蟲，就是因爲它毫無用處，所以才能有這麼長的壽命。」

木匠回家後，夜裡夢見櫟樹對他說：「你打算拿什麼東西和我相比呢？把我比做那些文木嗎？你看那桃、梨、柚、瓜果之類的樹，果子一熟不是被棍敲就被石頭打，弄得大枝折斷小枝拉歪，以致半途枯萎凋零。這都是由於它們的才能害苦了它們，不能享受天賦的壽命而中途夭折，自己顯示有用招來了世俗的禍害。一切有用的東西無不如此。我用好幾年時間尋找對人無用的途徑，好幾次差點也送了命，現在總算已經找到了，對世人無用就是我的大用。假如我對人有用，怎麼能活到這麼大的歲數？再說，你我都是物，爲什麼要這樣非議我呢？你是快要死的散人，哪裡知道散木的本意？」

木匠醒後把夢告訴了徒弟。徒弟聽後說：「它既然是求對人無用，又爲什麼充當祭神的社樹呢？」

木匠說：「別瞎說！這株櫟樹特地托身在神社，使那些不了解它的人非議它，這樣才能使衆人明白它的無用。如果它不做社樹，不是早被人砍了當柴燒嗎？它保全自己的方法與衆不同，不是一般常理可以解釋的。」

甘甜的井水最先枯竭，挺直的樹木最先遭斤斧，有用與無用誰講得淸楚呢？

失馬與落第

我們一般人對一件事物，只能看到已成之局而不能預料它的將成之勢，好就是好，壞就是壞，禍就是禍，福就是福。

老子則能從事物的正面看到它的反面，在好事中發現壞事，在壞事中看到好事，認爲災禍中未必不藏著幸福，幸福中說不定潛伏著禍根，遇上了災禍用不著垂頭喪氣，遇上了好運也別趾高氣揚。

《淮南子·人間訓》中有一則故事，說北方邊疆有一戶人家，他兒子的馬跑到胡地去了，左鄰右舍怕他傷心，都上他家來安慰他，想不到他的父親說：「馬跑到胡人那邊去了，這當然是個損失，但誰知道這不是福呢？」果然，幾個月後，那匹失了的馬帶了一匹胡人的駿馬回來。鄰居們聽到消息後都來道賀，他的父親卻沒有什麼興奮的表情，只是淡淡地說：「怎麼知道這不是禍呢？」果然，他後來騎馬摔跛了腿，鄰居們見此又來安慰他，他的父親好像並不爲兒子摔成跛子難過，反而說：「怎麼知道這不是福呢？」一年後，胡人大舉入侵，村中健壯的青年都被征去打仗，戰爭中死掉十之八九，只有他由於跛足的關係，得以在家和父親平安無事。禍福的循環沒有一定，沒有人知道它的究竟。

前不久報上載了這樣一段新聞：某市一個工人家裡養了兩個兒子，大兒子在高考中名落孫山，親戚朋友都斜著眼看他，他的父母也認爲這個孩子的前程算是完了。接著他很長時間又沒有找到工作，成了社會上所說的「待業青年」，他又被看成了社會和家裡多餘的人。小兒子在高考中高中，被一所大學錄取，成了社會和家裡的寵兒，父母把他視爲掌上明珠，家裡的一切都向他傾斜。然而，幾年後他們弟兄兩人的結局卻出人意料之外：哥哥待業兩年後在一家皮鞋工廠做臨時工，由於他工作勤奮和技術日漸熟練，被聘爲車間的主任。他邊做事邊上自修大學，系統地學習經濟管理知識，後來他承包了這家小廠，不僅使這家工廠起死回生，生意越做越大，產品還遠銷國外，如今他已是遠近聞名的企業家和大亨。因爲高考落榜給了他沉痛的教訓，使他意識到他面前的人生道路並不平坦，社會上的白眼使他特別渴望人格上的尊嚴，這些都成了激發他向上的動力。弟弟開始的人生道路太順了，父母的寵愛，親戚和朋友的恭維捧場，使他逐漸飄飄然。上大學以後怕吃苦，講虛榮，經常舞廳追逐異性，爲了生活得瀟灑，爲了在女友面前擺闊，他大把大把地揮霍父母的血汗錢，而且多次去校內外偷竊行騙，最後警察局拘留，學校也開除了他的學籍。

禍與福實在是在循循相因，切肉連皮的。

司馬遷受刑

司馬遷受刑，使他認識到了人性的崇高與卑劣，奇恥大辱成了激發他發奮著書的動力，災禍玉成了他的偉大。

漢武帝時的名將李陵在一次與匈奴作戰時兵敗投降，漢武帝得信後火冒萬丈，立即召集大臣來評判李陵的行爲。滿朝大臣專看漢武帝的臉色說話，過去恭維李陵用兵如神的人，現在批評李陵沒有用兵的才能，過去讚揚李陵勇敢無畏的人，現在嘲笑李陵貪生怕死，大家還一哄而起地罵他是賣國賊。

大臣當中有個太史令叫司馬遷，他聽到了這些議論覺得人心太可惡，滿朝都是軟骨頭，敢說直話的骨鯁之臣到哪裡去了呢？那時他正處盛年，雖然他與李陵並沒有特別的私交，但認爲這樣議論李陵有欠公正，於是就向武帝談了自己的看法：「李陵服侍父母講孝道，跟同輩交往講信義，國有危難他挺身而出。在將軍和大臣中他最有大人物風度。現在一遇到不幸，大家就添油加醋地說他的壞話，實在叫人痛心。李陵帶五千兵殺了幾萬敵人，彈盡糧絕還赤手空拳與敵人拼搏，在這種局面，能激動部下個個不顧死活地打仗，就是古代最出名的將軍也不過如此，雖然打了敗仗也可以向天下人交待了。」

漢武帝聽後大怒：「竟敢如此狂妄地替投敵的人辯解，這不成心反對朝廷嗎？」

司馬遷因此受了宮刑（一種毀壞生殖器能力的刑罰）。宮刑是當時一種最丟人的刑罰，像司馬遷這樣剛直的人寧可自殺也不願意受這種刑罰的，但他覺得自己的宿願還沒有實現：他要爲後人留下一部全新體裁的史書。受刑後他悲憤地說：「這是我的罪呀！我現在成了個廢人。悲痛之餘靜下來仔細沈思：從前周文王關在牢裡寫了一部《周易》，孔子被困在陳蔡寫了一部《春秋》，屈原遭到放逐才寫出《離騷》，左丘明雙目失明後寫了《國語》，孫子斬腳後寫了一部《兵法》，呂不韋流放到蜀地才傳下一部《呂氏春秋》，韓非子關在秦國才傳下《說難》、《孤憤》等文章，《詩經》三百篇，大多是聖賢人在發奮的情況下寫出的。這些人的靈魂深處都抑鬱痛苦，抱負都不能實現，因而就把自己的情感和思想寫出來，以抒發自己的苦悶之情。同樣，我也立志寫一本傳世的《史記》，一共一百三十篇文章，五十二萬字。」

司馬遷受了宮刑，使他認識到人性的崇高與卑劣。奇恥大辱成了激發他發憤著書的動力，災禍玉成了他的偉大，使他成為我國最偉大的歷史學家。這也是一個禍福倚變的事例。只是司馬遷這裡的福，是為正義文明造福。

禍就是福

人都近福遠禍，親戚朋友的相互問候也總是祝福，還沒有聽誰說祝親友遭災惹禍的。其實，在一定條件下，禍就是福，福也可能是禍。

在人生道路跌兩次跤或摔幾次筋斗，從整個人生著眼未嘗不是件好事。人一遭受災禍內心就畏恐，跌了幾次跤後處世就謹愼。畏懼恐慌就不敢胡作非爲，行爲就會正派端莊；謹愼就不至於輕率馬虎，行動之前就會深思熟慮。三思而後行必然能明白事理，按事理辦事必然能夠成功，事業成功自然能贏得人們的尊敬，能夠改善自己的經濟條件。爲了端莊正派就必無禍害，沒有禍害就能盡天年，盡天年自然就能全生長壽。受人尊敬、經濟富裕和健康長壽，這不是人們所羨慕的幸福嗎？可見，災禍最終也可能成爲幸福。

人生開始的路太平坦，青春年少就事業上大紅大紫，處處受到人們的羨慕和捧場，這容易使人驕傲放縱和忘乎所以。一驕縱就容易走上邪路，行爲淫惡放蕩，舉措違背常情，於是就可能由成功的頂峰滑向慘敗的深淵，由幸運兒一變而爲倒霉鬼，有的甚至從此一蹶不振。在這種情況下，福也就是禍了。

生於憂患

只有在憂患困苦中磨練，才能在社會上站穩自己的腳跟，而過分的安逸快樂會把人引向死路。

許多傑出人物的成功背後不知有多少淚水、痛苦、艱辛和失敗。正是因爲失敗和艱難才使他們「傑出」起來。傳說爲殷相之前，在傅險這個地方築牆，與我們現在的農田水利工地那些農民沒有什麼特殊之處。千百年來被傳頌的舜也不是什麼大家子弟，從小一直在家跟著父母種田放牛。殷朝的大臣膠鬲，從前曾經是個做魚鹽生意的小販子。管仲幫齊桓公成一代霸業，但當初更是個有名的窮小子，後來三次出來當官三次被罷免，幾次打仗都吃了敗仗，還因在政治上跟錯了主子而被關進了鐵窗，最後因人才難得，才時來運轉。楚國的宰相孫叔敖，過去一直在北方海邊捕魚，幾次險些葬身大海，秦國的宰相百里奚從前吃的苦更多，很可能還是奴隸出身，他被賣給秦國的放羊人時，要價僅只五張羊皮。

孟子說一個人要想做一番大事業，一定先要在精神上受許多磨難，體力上疲累勞碌，有時甚至吃了上頓缺下頓，遇事不順，不幸的事好像總是纏著他，只有這樣他的精神才能受到震動，他的意志才能逐漸堅韌，他的能力才逐漸增強。常常犯了錯誤後才能避免錯誤，常常受盡折磨才能避免不幸，常常失敗到最後才成功，因而困苦才激勵發奮圖強。

現在的父母老怕孩子受打擊，遭挫折，怕孩子受凍挨餓，恨不得把他們放在溫室裡長大就好。這樣愛孩子其實是毀孩子。一個人不在生活海洋裡經風雨，意志必然薄弱，生活能力必然低下。在漫長的人生道路上如果眞是一帆風順，那才眞的是最大的不幸。這種人即使不犯任何錯誤也是枉活了一生，沒有吃過苦怎麼能感受甜呢？人生道路太平坦，其人就必定平庸；生活得太安逸，要麼就變得淺薄，要麼就走向墮落。

只有在憂患困苦中磨練，才能在社會上站穩自己的腳跟，而過分的安逸快樂會把人引向死路。

大難興邦

孟子說：一個國家如果國內沒有敢向國王說難聽話的大臣，國外又沒有相與敵對抗衡的鄰國，沒有遇到外來的侵略和威脅，很快就會走向滅亡。

常常面臨那國的威脅本來是一件壞事，但它又使整個國家都緊張起來，齊心協力地進行經濟建設和國防建設，使綜合國力不斷提高。特別是當一個民族受到別的民族的欺侮時，被欺侮被侵略的民族，其民族意識空前提高，民族團結大爲增強。在民族生死滅亡的緊急關頭，大家拋棄內部的恩怨，同仇敵愾，過去全國一盤散沙，這時上下一盤棋。反侵略戰爭最能激發民族的活力，使原來惰性很深的民族顯出蓬勃的生命力。

有時外族的入侵反而促進了民族的統一，如德意志就是這樣。拿破崙入侵前，德國四分五裂，諸侯割據，法國軍隊的鐵蹄和槍炮驚醒了德意志民族，使他們的民族意識大爲加強，他們在反侵略的旗幟下走到一起來了。

災禍對於一個民族來說有時是一件好事，全國性的旱災、水災、地震等，也容易喚起海內外同胞的民族認同感。「打虎還是要找親兄弟！」大災像磁石一樣凝聚了民族的向心力。在抗災的過程中舉國上下更像一家人，無論是受災的還是救災的都感到了民族的溫暖。

災禍變成了福音，難怪古人說「大難興邦」！這也就是老子極反之理的體現。

窮才開心

我們有這麼多的銀子有什麼用，整天又累又擔心。還不如窮鄰居生活得輕鬆灑脫。

清朝山西太原有一個商人，生意做得很興盛，長年財源滾滾，雖然請了好幾名賬房先生，但總帳還是靠他自己算，錢的進項又多又大，他天天從早晨打算盤熬到深更半夜，累得他腰酸背痛頭昏眼花，夜晚上床後又想著明天的生意，一想到成堆的白花花銀子又興奮激動。這樣，白天忙得不能睡覺，夜晚又興奮得睡不著覺。久而久之，這老頭患上了嚴重的失眠症，銀子再多也沒辦法買一夜深沈的睡眠。他隔壁住著一戶靠做豆腐爲生的小倆口，每天清早起來磨豆、點漿、做豆腐，說說笑笑，快快活活，甜甜蜜蜜。牆這邊的富老頭在床上翻來覆去，搖頭嘆氣，對這對窮夫妻又羨慕又嫉妒，他的太太也說：「老爺，我們有這麼多銀子有什麼用，整天又累又擔心，還不如隔壁那對窮夫妻，活得開心。」

老爺早就認識到自己還不如窮鄰居生活得輕鬆灑脫，等太太話一落音便說：「他們是窮才這樣開心，」富起來他們就不能開心了，很快我就讓他們笑不起來。」說著，翻下床去錢櫃裡抓了幾把金子和銀子，扔到鄰居豆腐房的院子裡。

那兩夫妻正在邊唱歌邊磨豆腐，忽然聽到院子裡「撲通」、「撲通」地響，提燈一照，只見滿地是光閃閃的金子和白花花的銀子。倆口子都驚呆了，他們怎麼也想不到這些金銀是富老頭扔過來的。天下哪有這樣的事呢？都以爲是上天送來的橫財。他們連忙放下豆子，慌手慌腳地把金銀撿回來，心情緊張極了。他們從來沒有見過這麼多金銀，不知把這些財寶藏在哪裡才好，藏在房裡怕不保險，藏在院子裡怕不安全。從此，再也聽不到他們說笑，更聽不見他們唱歌。

既然發了這樣的大財，他們也不需要再賣豆腐，也不想再住在這樣又破又矮的房子裡，但又不敢去買新房，這樣暴富怕人家疑心是偷來的。他們特別怕走漏了風聲，覺也睡不好，飯也吃不香。鄰居富老頭和他太太開玩笑說：「你看！他們再笑不起來，唱不起來了吧！早該讓他們嘗嘗富有的滋味。」

他們再也用不著起早摸黑做豆腐、賣豆腐，男的從早到晚四處閒逛，有時喝得醉醺醺的回來。以前他覺得妻子是天底下最中看的女人，現在妻子左看不順眼右看也不順眼，他偷偷摸摸上妓院。以前兩倆口子甜甜蜜蜜，現在兩人天天吵架。一次，丈夫把妻子打得滿臉是血，身上青一塊紫一塊，一氣之下她懸樑自盡了。妻子死後，他更是墮落下流，嫖娼賭博，無所不來，沒有幾年工夫就一貧如洗。

就是金銀使一個好端端的家庭家破人亡，人財兩空！

幸災樂禍

柳宗元向王參元說了幾句寬心話，你的災禍其實就是你的福音，叫我怎不為你「幸災樂禍」呢？

中唐進士王參元是柳宗元的朋友，家中財貨堆積如山，在這種環境中他只圖過「恬安無事」、朝夕優遊的平庸的生活。富裕安逸逐漸消磨了他上進的鬥志，雖然他的文學詞章都有可稱道的地方，但在同輩人中不能露頭角，就像他過的生活一樣平庸。

老天有眼，一場火災把他家的財物燒得精光、王參元由一個富家子弟變成了一個奇貧兒，甚至連一個棲身之地也沒有，且不說過去那奢侈生活已不可得，就是一日三餐也難以保證。他平時的奢侈豪華招來了許多人的嫉妒，現在困頓狼狽樣子，往日嫉妒他的人也轉為同情憐憫。

他遭火災時柳宗元已被貶在湖南永州當司馬，不久他得知這一消息後，不僅沒有像一般朋友那樣灑一把廉價的同情淚，向王參元不痛不癢地說幾句寬心話。對於朋友家中遭到火災，柳宗元眞正是由衷地「幸災樂禍」，寫信去沒有半句安慰同情，反而表示眞誠的祝賀，把這場災禍說成是應該慶賀的大喜事，信的第一段說：「從楊八的信中，知道你家遇上了火災，現在家無儲糧，一貧如洗。我一聽到這個消息十分震驚、繼而十分疑惑，最終不禁大喜，所以把寬心慰勉改爲歡歡喜喜的慶賀。我離京城路途遙遠，楊八的信上又說得太簡略，我不清楚火災的程度到底如何，如果大火眞的把你們全家的財產化爲灰燼，一切積蓄都蕩然無存，那我更要表示慶賀了。」

朋友遭災柳宗元爲何喜上加喜呢？這位唐代的大思想家大文學家說：「如果不遭場火災的話，你一生也許就在遊山玩水走馬下棋中打發掉了，渾渾噩噩平平庸庸，別指望有什麼作爲。一定是上天將要降大任在你身上，先讓你飽受人間的劫難，使你從安逸閒適的處境中振作起來，受盡厄困震悸的煎熬，受盡飢寒勞苦的折磨，使你變得堅韌剛強和成熟，然後能承擔歷史交給你的重任，成就一番偉大的事業。再說，你的文章詩賦都做得那麼好，但一直沒有贏得一定的社會聲譽，其原因是別人嫉妒你的財富而故意壓抑你的才華，你的才華也為你的財富所累，現在好了，一場大火為你除掉了財富的拖累，你一定會在同代人中脫穎而出，我等著你成功的好消息！我早就聽老子說：『災禍裡面未必不藏著幸福，幸福裡面未必不潛伏著禍根』。你的災禍其實就是你的福音，叫我怎麼不為你『幸災樂禍』呢？」

這篇奇文的題名是《賀進士王參元失火書》，大家翻開《柳河東集》讀一讀，比我複述還要有趣得多。

生與死

人，出世為生，入地為死。長壽的占十分之三；短命的占十分之三；本來可以長壽但卻短命的，也占了十分之三。這是什麼原因呢？因為奉養得太過度了，一心想長壽卻弄成了早死。

——《老子》五十章語譯

不失去生命的根基就能長久，身死而不被遺忘就算真正的長壽。

——《老子》三十三章語譯

生與死一直是人類勘不破的大謎，孔子的學生子路有一次對孔子說：「老師，請問死是怎麼一回事？」孔子這個老喜歡提一些怪問題的弟子早有些不耐煩了，他把臉一沈，說：「生的道理我還沒有弄明白，怎麼懂得什麼是死呢？」把子路嗆得一鼻子灰，他把頭一縮再也不敢開口了。儒家把全部心思都花在社會與人生上，他們對死談不上什麼高明的見解，可能也是事實，孔子自稱不懂得死是怎麼回事也許不是客氣話。道家的創始人卻把生和死翻來覆去地沈思，他們關於這方面的看法既深刻，又有趣。

生就是死，死就是生

死亡不是生命中的事件，我們不會活著體驗死亡。

孔子拒絕思考死亡問題，認爲應該先把生弄明白了再去思考死是怎麼回事。他在學生面前總是裝出對死毫不在乎的樣子，聲稱「早晨懂得了眞理，晚上就可以死去」，這句話常常被人引用：「朝聞道，夕死可矣」。孔子如此見解，同調頗多。古希臘晚期有個大哲學家伊比鳩魯說：「死與我們活著的人毫無關係，因為當我們活著時，死亡並不存在；而當死亡來臨時，我們又不存在。」當代奧地利的哲學家維特根斯坦也認為：「死亡不是生命中的事件，我們不會活著體驗死亡，」因此，只考慮生而不思索死，孔子的這種做法似乎比較明智。

但是，上面所說的只是一種表面現象。人類最恐懼的就是死亡，於是許多聰明人或自認為聰明的人，紛紛出來想盡辦法安慰我們這些活人，有的告訴人說人死了，靈魂上了天堂，有的說人死了還可以投胎轉世，二十年後又是一條好漢。可是這兩種說法又不能安慰人，靈魂是天堂虛無飄渺，沒有誰能知道天堂是個什麼樣子；投胎轉世就更玄了，即使真的有可能投胎轉世，那也是另外一生的事情，與現在的「我」沒有什麼關係。孔子他們更高明，站出來說生和死是兩碼事，二者河水不犯井水，活著的時候嚐不到死的痛苦，死了又沒有生命，何必為死瞎操心呢？這看起來很有道理，其實也同樣不能消除人們對死的恐懼。正確的理解是，死與人生息息相連，死亡伴隨著人全部的生命過程。每一個人一生下來就把自己交給了死，對於人死與生一開始就結成了一體，死是屬於生的，生也屬於死、古希臘有一個戲劇家說得好：「也許誰都知道，生就是死，死就是生。」

生與死是一個銅板的兩面，對死的認識影響著對生的態度。有的人意識到人有一死，於是就大肆地揮霍享受；有的人意識到人必有一死，於是就抓緊每一寸光陰學習和工作。孔子說：「不知道生，怎麼知死呢？」，其實應該倒過來說：「不知道死，怎麼知道生呢？」

老子和莊子既能參透死，又熱愛生，愛惜生命卻不恐懼死亡。如此，生命才眞正怡然自得。

生死如晝夜

人有出生的一天就必定有死亡的那一天，就像黑夜就必定有白天一樣，這是自然的規律，是每個人都逃避不掉的。

老子崇尚一種自然的人生態度，同樣也主張以一種自然的平常心來對待生死，認爲一個人應該不貪生不惡死。出生了不歡天喜地，要死了也不呼天搶地。

無拘無束的來，無牽無掛的去，不忘記自己的來源，也不追求自己的歸宿。事情來了就欣然接受，把生與死扔在腦後，不想方法求生，也不設法避死，一切都聽任自然的安排，不用心靈智慧去損害道，不用人爲的辦法去破壞天然。

人有出生的一天就必定有死亡的那一天，就像有黑夜就必定有白天一樣，這是自然規律，是每個人都逃避不掉的。把船藏在山谷裡，把山谷藏在深澤中，可以說是再牢固不過了，但在大地的不斷運動，有些山谷成了高山，有的高山又夷爲平地，山谷就有變化，船當然也藏不住了。

高山和深谷都會變化，何況肉體之身的人呢？有些人一發現自己臉上有皺紋、頭上生白髮就發愁，實在不懂得自然之道。對於老少生死要聽其自然，這樣才能有一個瀟灑自在的人生。

珍惜自己的生命並不是過錯，除了極度的厭世者以外，人人都熱愛生命。《伊索寓言》中說：有一個老人上山砍柴，把柴扛在肩上走了很遠的路，又渴又累，把柴擺在路邊歇腳時說：「還不如死了的好。」死神一聽連忙跑來問他需不需要自己的幫助，老人並沒有要求死神把他帶走，反而說：「請你把那捆柴放到我肩上！」寓言中這位老人這時的變化，很有人情味，也很見人生道理。

中國古代有許多人祈求長生反而弄得短命，不少皇帝爲了長生不老而求仙供佛，其結果不是送了自己的命就是害了他人的命。古往今來求仙的千千萬萬，長生的卻找不到一個。秦始皇曾派徐福帶數千童男童女入海求仙，到神話中的仙山蓬萊去採不死藥，徐福入海後並沒有看到什麼仙山，回來後騙秦始皇說：「海裡有一條大鯨阻撓了去蓬萊山的航道。」秦始皇親自帶人到海邊射死了一條大鯨，但還是沒有採到什麼不死藥，沒有過多少年他自己也一命嗚呼。李白有一首詩諷刺他說：

徐市載秦女，樓船幾時回？

但見三泉下，金棺葬寒灰。

生死存亡屬一體

生是順應自然，死也是順應自然，如果心安理得地順應自然，那麼生死哀樂的情感就不會產生，也就解脫對死亡恐懼的束縛。

子祀、子輿、子黎、子來四個人在一起聊天：「誰能把『無』當作頭顱，把『生』當作脊樑，把『死』當作尾椎骨，誰就知道生死存亡本來屬於一體，我們就和他做朋友。」四人相視而笑，莫逆於心。

不久子輿生病了，子祀去看望他。一進門子輿就說：「你看，老天真了不起，竟然能把我的形體弄成這般模樣。」子祀抬頭一看，只見子輿背彎得像駱駝，頭低到肚臍底下，和過去相比完全成了另一個人，但他看起來若無其事，還像過去一樣談笑風生。他歪歪倒倒地走到井邊照了照自己的影子，說：「老天真了不起，竟然能把我變成這般模樣。」

子祀問他說：「你嫌惡這種樣子嗎？」

子輿回答說：「我爲什麼要嫌惡呢？」假如我的左臂變成了雞，我就用它報曉；假如我的右臂變成了彈丸，我就用它去打鳥來烤著吃；假如把我的尾椎骨變成車輪，把精神變成馬，我就坐著馬車到處遊玩，還用不著另外去找交通工具。「再說，生是順應自然，死也是順應自然，如果心安理得地順應自然，那麼生死哀樂的情感就不會產生，也就解脫對死亡恐懼的束縛。人力本來就勝不過自然變化，我又有什麼好嫌惡自己形體的呢？」

沒過多久子來也病倒了，纏綿病榻，他的家人圍著他哭個不停。這時子黎來探望他，看到這種情形便對他的妻子說：「快走開！不要驚動這正在變化的人。」說完便靠在門邊對子來說：「眞了不起！自然的主宰又要把你變成什麼呢？你想他會把你變成什麼呢？你想他會把你變成鼠肝還是蟲臂？」

子來氣喘不停地說：「父母不管叫他兒子到何處去，做兒子的只得聽從命令，自然對於人就像父母之於子女，自然要我死而我不從命，那我就是大逆不道。自然給了我形體和生命，讓我在青壯年時勤勞，讓我上了年紀淸閒，又用死來讓我得到充分的休息。」

「因而，既然我們把『生』作爲喜事，又有什麼理由不把『死』當做喜事呢？」

老子之死

假如能像老子那樣，安心地適應著自然的變化，把個人生死存亡置之度外，痛苦和歡樂都不能侵入心中，這就是古人所說的「解脫」。

秦失是老子很要好的朋友，一聽說老子逝世的消息就去弔喪，但只哭了兩三聲就出來了。老子的弟子問他說：「你不是我老師的朋友嗎？」

秦失說：「是的。」

弟子又問道：「朋友之間的弔祭應當十分悲傷，剛才你只輕輕哭了兩三聲，這未免草率了點吧？」

秦失說：「只這樣就可以了。原來我以爲他是個俗人，現在才知道他不是。剛才我進去弔喪的時候，看見許多老人傷心地哭他，就像哭自己剛夭折的兒子；

許多年青人傷心地哭他，就像哭自己剛壽終的父母。老少都哭得這樣悲傷，眼淚簌簌地一個勁兒滴，邊哭邊怨天喊地，這種對生的留戀，對於死的詛咒，的確是違反了自然天理，忘掉了我們自然壽命的長短，古時候把這種情形叫做逃避自然的刑法。正該來時，你們的老師應時而生；到該去的時候，你們的老師又順理而死，這有什麼好悲哀哭泣的呢？假如能像老子那樣，安心地適應著自然的變化，把個人的生死存亡置之度外，痛苦和歡樂都不能侵入心中，這就是古人所說的『解脫』。」

地球照樣轉

活著的人誰也沒有嘗過死是怎麼回事，我們又不能請埋在地下的先人傳授經驗，為什麼一想到死就喪魂落魄呢？

這是由於親友的死給我們許多暗示，使我們把生和死的過渡想像得非常可怕。看到死屍冷冰冰的淒慘樣子，再想一想未來只與黑暗、寒冷、閉塞、孤寂相伴，大家就會不寒而慄。其實這些恐懼心理是想像造成的。一個人死後，即使放在有電熱毯的床上，他也不會感覺到溫暖舒適，把他埋在九泉地下也不會覺得寒冷；在他棺材或骨灰裡裝上電燈，他也感覺不到明亮，棺材或骨灰裡漆黑一團，他也不至於覺得有什麼不方便；即使兒女在屍體旁親昵說笑，他也體會不到什麼天倫之樂，讓他一個人躺在棺材裡也不會有孤獨感。死亡是大自然給人最好的恩賜，我們在這個熙熙攘攘的人世操心了一輩子，奮鬥了幾十年，現在該我們好好休息一下了。死亡就是一次最深沉的睡眠，死後的痛苦都是活著的人強加給死者的。

死的恐懼中還有一種也是我們強加上去的。人總害怕自己死了後，那些活著的親友難過悲哀，擔心自己死了後兒女不會生活，自己的公司會垮台。這種想法是我們自己高估了自己，一半是無意識地加重我們自己在社會上的重要性，一半是想用別人的同情愛戴來自我安慰一番。且不說你死了後地球照樣轉動，你的公司照樣營業賺錢，就是在你家裡的裂口也不是你想像的那麼大，感情傷痕的癒合也比預料的要快得多。離開了你，你的兒女照樣上學上班，你的妻子仍然能找到她精神的快樂，說不定能找到比你更可人的伴侶。說來也許有點冷酷，然而這卻是明擺著的事實：人們希望我們「退席」往往勝過希望我們「出席」。教授是人類智商最高的階層之一，是每一個時代每一個國家的精神財富，照理說應該希望他們長命百歲，可是實際情形眞叫人沮喪：許多國家的大學都在制訂新的校規，好讓老教授們提前退休，以便給年青一代騰出空位。許多父母看到兒女無憂無慮的稚相，常常憂心忡忡地說：「看我死了你們怎麼生活。」然而沒有新聞報導說，哪家的父母死了，他們的兒女在跟著一起走進棺材，情況倒往往相反，父母死後兒女成熟得更快，他們的自立精神更強。

當我們緊張地工作一天以後，夜晚大家都想上床安然地睡一覺；當我們奔波操勞了一生以後，怎麼不能無牽無掛地走進墳墓坦然地長眠呢？應當想得開！

生前死後

有些人一想自己有朝一日兩眼一閉，以後世界許多變化，人生的一切悲歡離合，都不能看一看和嚐一嚐，心裡就哀傷惆悵。

唐代著名的詩人陳子昂在《登幽州台歌》中說：

前不見古人，後不見來者。

念天地之悠悠，獨愴然而涕下。

他抒寫了對人生短暫而又生不逢時的深沉感傷，尤其是表現了天才不被承認的偉大孤獨，這首名詩有它特定的時代內容。但就我們凡夫俗子而言，如果眞的爲「前不見古人，後不見來者」而悲哀，那的確沒有什麼道理。在我們出生之前的漫長歷史時期，一切偉大而激動人心的歷史事件我們都沒有參與過，秦始皇統一天下我們沒有出過力，漢武帝的雄才大略也無緣見到，諸葛亮的料事如神也只能從書上得知，我們沒有機會與浪漫豪放的李白交朋友，唐朝的盛世也沒有趕上，唐明皇與楊貴妃愛得死去活來的愛情也只能從史書略知一二，……這些歷史事件的歷史人物沒有參與或目睹，我們並沒有因此而悲傷，那時的世界沒有我們，並沒有什麼不方便，我們那時沒有來到世界更無所謂痛苦。說實話，好像沒有誰眞的希望在明太祖朱元璋時就出生，或者希望與寫《紅樓夢》的曹雪芹同學。既然如此，我們死後到底有些什麼人尚且不知道，不和未來的人交朋友，不在未來的世界裡品嚐人生的甜酸苦辣又有什麼難過的呢？

生命既然有個開頭，就一定會有個結局，這就像一齣戲有開頭就有結局一樣。哪個演員能在舞台上把一段戲從盤古開天地唱到天荒地老呢？一個演員不可能總將舞台佔著，不讓別的演員上台，我們怎麼能將社會的舞台霸佔，不讓後來人登場呢？死亡只是把我們帶回從前沒出生的境界，回想某一時期我們沒有來到這個世界，並不會使我們怎麼難過，爲什麼一想到有一日我們要退出這個世界，心裡就非常難受呢？

蘇東坡說：「世界一場大夢」，這是看破紅塵後的頹唐，其實人世是一個壯麗的舞台，我們每個人都是舞台上的演員，盡力把社會分配給你的角色演好演活，然後就可以心安理得地退下舞台。「你方唱罷我登場」，只有這樣才能形成人類的歷史。我們之前的戲由我們的前人去唱，我們之後的角色也由我們的後代去演，要是人類代代的戲由一個人唱，多無聊！

莊子悼妻

一個人要活得瀟脫大度，僅僅明白生是怎麼回事還不夠，還得懂得死是怎麼回事。

老莊總是連在一起說，由於莊子在許多方面繼承和發揮了老子的思想。他們兩人關於生與死的認識尤其一致，討論生與死是《莊子》中寫得最優美的文章。

莊子有一次談到他悼妻的情形——莊子的妻子死了，他的朋友惠子前去弔喪，看見莊子正蹲坐在地上，邊敲著瓦盆邊唱歌。

惠子見此很生氣地說：「妻子跟你一起生活多年，替你生兒育女時不知受了多少罪，吃了多少苦，現在年老身死，你不哭倒也罷了，還要敲盆子唱起歌來，這不是太過分了嗎？」

莊子回答說：「你這樣說不對。妻子與我在漫長的人生道路上同甘共苦，一起度過了許多美好的時光，她是我這輩子最信賴最依戀的人，也可以說是我生命的一部分，你說，這樣親密的人死了我怎麼會不悲傷呢？說眞的，當她剛剛閉上雙眼的時候，我悲痛得不省人事。後來仔細一想，妻子原來本是沒有生命的，不僅沒有生命而且還沒有形體，不僅沒有形體而且還沒有氣息，以後在恍恍惚惚若有若無中，才慢慢變化成有氣息，由有氣息而變成有形體，由有形體變得有生命，現在又由生命走向死亡。這樣生來死往的變化就像春夏秋冬四季的運行一樣，是一件自自然然的事情。妻子此刻正安睡在天地這座大房子裡，我卻在旁邊哭哭啼啼，這樣不是太不通達生命演變的道理嗎？這麼一想我也就不傷心了，反而為妻子平靜地接受自然的安排而高興。」

惠子平時遇事總與莊子要爭得面紅耳赤，這次也被莊子的一番話說心服口服，深深認識到一個人要想活得灑脫大度，僅僅明白生是怎麼回事還不夠，還得懂得死是怎麼回事。他走到莊子身邊，拍了拍莊子的肩膀說：「老兄，既然你透悟了生與死的至理，那何必在這麼冷的天坐在妻子墳頭唱歌呢？這一來凍壞了自己，二來又吵得妻子不安寧，我們一起回家去吧！」

莊子說：「不，我們先上酒店去喝一盅。」

漢文帝談死

天下萬物有生必有死，死是天地之理，自然之情，用不著過於傷心。

漢文帝以「無爲」治國，是我國歷史上有名崇尚老莊的皇帝。他以清淨無爲的方式安定人民，使呂后留下的那個亂攤子，慢慢變成一個有效率的政府，他和他的兒子兩代皇帝實現了歷代史家津津樂道的「文景之治」，爲西漢的天下奠定了經濟基礎。

他不僅在國家政治上強調無爲，也主張以自然的心態對待個人的生死。歷史上有許多皇帝爲了長生而求仙拜佛，弄出了許多荒唐可笑的事來，相比之下，漢文帝是個難得的通達性命之情的人。他二十三歲做皇帝，在皇帝的寶座上坐了二十三年，享年四十六歲。公元前一五七年他害了場重病，他自知不久於人世，但一點也不爲死期臨近而驚恐，等喘氣稍稍平息就拿起筆，平靜地寫了這樣一篇遺囑：「我早就知道天下萬物有生必有死，死是天地之理、自然之情，用不著過於傷心。如今的人不懂得這個道理，一見到能活就歡喜，一聽說死就害怕。人死後出殯安葬不知花了多少財物，甚至於弄得傾家蕩產，哀悼死者過分傷心啼哭，活著的人弄壞了自己的身體，更可惡的是有些人死了，還逼著活人陪葬。我非常不贊同這種對於死的態度。像我這樣道德不高才能不大的人，靠著上天的恩賜、祖宗的洪福和諸侯的擁戴，做了二十多年皇帝。由於神靈的保佑和國家的福分，我在位時天下太平無憂，四方沒有發生戰爭。我爲人木訥遲鈍，總是害怕犯下大錯，有損先帝的遺德，在位的時間太久怕晚年昏聵，使國家和天下百姓蒙受損失。我的德行不能爲天下樹立典範，才能不能有益於人民，如今這樣死去夠造化的了，哪裡用得著悲傷？現在死去又要人民重服爲我守靈，擾亂了國家的日常生活，我的靈魂就更不安寧了。因此，我囑咐天下的官吏和人民只準帶孝三天，在這期間不需禁止結婚、飲酒、吃肉和其他娛樂活動，我同族同宗的人也不要像從前那樣赤腳踏地慟哭。帶孝的麻長三寸就夠了，太長了是無謂的浪費。千萬不要發動老百姓到宮殿來哭喪，宮中的人早晚啼叫幾下就行了，其他時間不准哭泣，過去穿孝三年太長，現在用一天抵以前的一月，三十六天就算滿孝。埋葬我的霸陵不要築起高墳，在棺槨上面鏟幾鍬土，把棺材埋得看不見就可以。我死後除了我的夫人外，所有宮女一概送回自己家裡去。別的事情我不能一一交待，按臨喪節哀、辦葬從簡的原則去處理。」

讀到這裡，我們能說什麼，只能說漢文帝太好了。在這裡他沒有講老莊，卻盡顯老莊精神，如此無為實乃人間最偉大的喪葬了。

應盡便須盡

只有死得豁然坦然，才能生活得灑脫大度。

陶淵明是東晉喜愛老莊的大詩人，他的為人和寫詩達到了一種最高的境界：自然。他說自己特別喜歡飲酒，可又窮得沽不起酒，親戚和朋友知道後，有的特地買酒招他去飲，每次一去總要把酒瓶喝得底朝天，不醉不算，醉了就搖搖晃晃地回來。人家問他爲什麼這麼愛酒，他回答說：「漸近自然。」

他把生死同樣看作自然的事情。近一百多首詩中幾乎三分之一講到死，每次提到死時態度是那麼平靜，語調尤爲安詳。他說那些一聽說死就面如土灰的人不明白自然之理。生死對於任何人都是公平的，從三皇五帝到平民百姓，從白髮老翁到黃毛孺子，每個人都從出生走向墳墓，陶淵明說：

三皇大聖人，今復在何處？

彭祖愛永年，欲留不得住。

詩中提到彭祖是傳說中的高壽翁，據說他一生經歷夏、殷、周三個朝代，共活了八百歲。這樣的大壽也免不了一死。三皇、彭祖今天在哪裡呢？他在詩中說：

甚念傷吾生，正宜委運去。

縱浪大化中，不喜亦不懼。

應盡便須盡，無復獨多慮。

對於死亡過度恐懼反而有損身體，明智的態度是任其自然，在大自然中自由自在地生活，於生於死既不害怕也不欣喜，當生命該完結時就讓它完結，用不著想得太多。

陶淵明公元四二七年十一月離開人世，在他死前二個月寫了一篇《自祭文》，說自己活了六十多歲，現在死去「可以無恨」，從老年到壽終正寢是物之常理，還有什麼留戀不捨的呢？寫了《自祭文》以後，又接著寫了《擬挽歌辭三首》，一下筆就說：有生必有死，早終非命促。

有生就必然有死，生死屬於自然之事，對此他倒沒有什麼顧慮和憂傷，唯一的遺憾就是：「但恨在世時，飲酒不得足。」

死倒沒有什麼值得悲哀的，只是生前沒有把酒飲夠有點遺憾，這眞是幽默而又豁達。只有死得豁達坦然，才能生活得灑脫大度。

青年和老年

只要我們永保生命的青春，我們就會永遠年輕，死亡就會永遠與我們無緣——雖然大家終有一天會離開人世。

死與青年人不沾邊，這倒不是說沒有青年早亡，而是說沒有青年相信自己會死。北京一所名學府有一位二十九歲的博士生患晚期肝癌，老師和同學心情沈重地去醫看望他，醫生沒有告訴他眞實病情，他自己在師友面前仍然雄心勃勃，說過幾天出院要著手完成已上馬的攻關項目，還提出了許多新的科學研究課題，第二天他就帶著這些計劃、雄心和憧憬告別了人世，死前一分鐘他還不相信自己會死。事實上，這位博士並不是死去，而是帶著微笑的長眠，是離開實驗室後的一次愉快的休息，死仍然和他無緣——儘管他已經死亡。

青年人雖然看到許多人死去，但他們覺得死是別人的事情，自己與死則毫不相干，說到死時覺得它是一種遙遠的夢境，心情愉快地和它逗樂嬉戲。外面的世界熱鬧、喧囂、迷人，連衣裙、牛仔褲、時裝、舞會、白馬王子、似玉姑娘……他們如飢似地暢飲著生命的玉液瓊漿，幸福得目迷心醉，簡直就是天上快樂的神仙，死怎麼可能與他們聯在一起呢？

年輕人整天生活在希望的夢中，儘管世事冷酷而晦暗，他們的心境仍像三月的艷陽；儘管皺紋慢慢爬上了他們的眼角，他們照樣快樂地笑鬧不停，全然沒有把額頭眼角的皺紋看成是衰老的徵兆，反而把它當作成熟的象徵。聽到某人某人去逝的噩耗，他們沒有想到死也是自己的歸宿，想到的卻是「我自己不會死」，他人的死亡反而增加了他對自己生命的自信。

老年人的情況則恰好相反，他們對死亡特別敏感，頭上多加一根白髮心裡就多了一分悲涼，「可憐白髮生」一類的詩句特別容易觸動他的心靈。昔日的同學或同伴離開人世尤其易於傷感。對外在世界的感覺日漸麻木，對生活的熱情也慢慢衰退。由於對現實生活失去興趣，他們常常生活在對過去的回憶之中。宋代女詞人李清照晚年有一首〈永遇樂〉，詞的下半部分對比了她自己青年和老年時的生活態度：中州盛日，閨門多暇，記得偏重三五。鋪翠冠兒，拈金雪柳，簇帶爭濟楚。如今憔悴，風鬟霧鬢，怕見夜間出去。不如向，簾兒底下，聽人笑語。而她年青時在開封（汴京），無憂無慮，生活興致濃，空閒時間又多，總是盼望過節過年，尤其看重正月十五日的元宵節，那天戴上插著翡翠毛的帽子，手上拿著象徵春天的金雪柳，飄帶、圍巾爭著比別的女孩子漂亮，興奮地跳到街上去鬧春。到了老年面容憔悴，蓬頭散髮，全沒有心思夜間出去戲鬧了，「不如向簾兒底下，叫人笑語」，青春、歡笑是屬於他人的，他人的笑語反襯出了她自己晚年的淒涼。

生理上的衰老是不可避免的，也沒有必要爲此坐立不安，心理上的衰老倒是非常可怕，關鍵是要在精神上永保青春。對死亡的恐懼會加速自己的衰老，而衰老又加重了對死亡的恐懼，這樣的晚年眞淒慘。英國哲學家羅素說：年青人怕死還情有可原，因爲人生中的許多美好的東西他們無法享受，年紀輕輕就死掉那是生活欺騙了他。但對於老年人來講，已經經歷了人生的各種甜酸苦辣，自己能辦到的事已經辦完，此時已知道和飽嚐了生命的甘苦，還要怕死就未免有些不光彩，甚至近乎可鄙。

怎樣才能老來克服怕死的念頭呢？唯一的辦法就是培養自己廣泛的愛好和對生活的強烈興趣，培養自己廣博的同情心，同情和關心那些與自己沒有什麼關係的人和事，積極參加各種社會活動、讓自己不要縮進個人的小圈子，把自己個人生活與社會生活融合在一起。人生像條河流，源頭處河身狹小，夾在兩岸之間奔騰咆哮，衝撞岩石激起水花，飛下懸崖形成瀑布，越到下游河面越寬，河水也慢慢流得平緩，最後流進大海，與海水渾然一體，河流的界限消失不見了，從而結束了它那單獨存在的一段歷程，把自己的生命融匯在大海之中而毫無惋惜。個人也是一樣，青年時充滿了激情，心高氣傲，處處想顯示自我的個性和才能，到了老年才意識到自己只是社會的一分子。假如人到老年能把生命看成河流就不會怕死，因爲他明白個人的生命溶進了人類生命的大海之中，他所關心的一切都在繼續，人類的生命也生生不息。

美與醜

天下人都知道怎樣才算美，於是醜就出現了；都知道怎樣才算善，於是惡就出現了。有與無相對立而產生，難與易相對立而形成，長與短相對立而體現，高與下相對立而存在，聲與音相對立而和諧，前與後相對立而出現。

——《老子》第二章語譯

美麗的言詞可以贏得別人的尊仰，漂亮的行為可以讓別人欽敬。

——《老子》六十二章語譯

愛美之心人人相同，但對什麼是美的認識和感受卻千差萬別。在現實生活中經常出現這樣的情形：有人求美反增其醜，求雅卻變得更俗，趕時髦卻弄得不堪入目。

儒、道共同塑造了中華民族的審美心理。而老子對於什麼是美、什麼是醜、美與醜的區別與特徵，應當說高於諸子百家，用於人生，耐人尋味。

自然之美

美不僅是外表的樣子，更重要的還有內心修持順應自然的涵養和智慧。

老子對美的認識是與他對道的理解連在一起的，他所描述「道」的特性就是美的本質。他所描述的「道」有什麼特性呢？「人法地，地法天，天法道，道法自然」（《老子》二十五章）。這就是說，人、地、道都以純任自然爲準則。

莊子也說：天地有大美卻不言說，四時有明顯的規律卻不議論，萬物有生成的道理卻不表白。有德行的人推原天地的大美而懂得了萬物的道理，因而純任自然而不人爲造作，這是說取法於天地的緣故。

天地爲什麼是美的極至（「大美」）呢？它美就美在純任自然，一派天然而無絲毫人工的痕跡，天地調和萬物卻不以爲義，有恩於萬世卻不以爲仁，雕刻創造了各種各樣美麗的形象卻不顯露一點技巧。

天地之間的事物都保持自己的本然形態，曲的不須用鈎，直的不須用繩墨描直，圓的不須用圓規，方的不須用角尺，黏合在一起的不用膠漆，捆縛在一起的不用繩索，它們自自然然生成這個樣子，天地從來不加干預而讓萬物任其自然。

人如果也懂得這個道理，像道那樣純任自然，不爲滿足一己私欲而胡作非爲，不爲個人利害得失而苦苦奔波，像天地一樣聽任萬事自然發展，那一定像天地那樣達到了美的極至。所以，美不僅是外表的樣子，更重要的還有內心修持的順應自然的涵養和智慧。

美與無爲

要實現自然的美就必須無爲，一有人工雕琢的痕跡就破壞了自然。

應該不磨礪而志向高尙，不講仁義而有修養，不求功名而能治國，不處江海而心境淸閒，不事養生而能高壽，自己無所不忘，可又無所不有，這樣，無爲至極而又衆美薈萃。

美是在一種毫無目的毫無意識中實現的。天地之中的月白風淸、春華秋實，或曲或直、或方或圓，並沒有誰去爲它苦心追求和精心修飾而成爲這個樣子，一切都是在無心無爲中自然達到的。

老子與孔子有一段對話，說明了無爲是美的前提，甚至就是美本身——孔子有一天去見老子，老子剛洗完頭正披著濕髮待乾，凝神定立像是個木偶人。孔子見這種情形就退出房等他，過一會兒見面說：「不知是不是我眼睛看花了，剛才先生直立不動像一根枯木，好像要超然於物外而獨立自存。」

老子說：「我的精神暢遊於萬物的本源。」

孔子說：「這怎麼講呢？」

老子說：「明於心而不明於口，容易體驗卻難於言傳，我只能給你說個大概。天地之中有冷有熱，冷熱融合變化而生出萬物，天地化育萬物都不留痕跡；日遷月移死生交替，其中天地無時不發生作用卻又見不到它的功勞；生有所始、死有所歸，循環往復卻又見不到它的邊際。我只知道它是萬物之源罷了。」

孔子說：「在萬物的源頭遊心是個什麼情景？」

老子說：「那可以說是最美最樂的境界了。」

孔子迫不及待地問：「請問先生怎樣才能達到這種美的境界呢？」

老子說：「就像山澗的清泉那樣，沒有目的沒有意識地向山下流去，一路濺起水花一路唱著歌兒，恬淡無爲而又自自然然；就像山中的百花那樣自然開放，完全用不著人工修飾；就像天白然的湛藍，地自然的遼闊，日月自然的光明，這哪還用得著人爲的修飾呢？」

唐代大詩人李白把老子這種思想，用兩句漂亮的詩句表達了出來：「清水出芙蓉，天然去雕飾。」

有人工而無痕跡

老子說：善於走路的人不留腳印，同樣，眞正的美不帶人工的痕跡。

這不僅對那些從事藝術的人具有指導意義，對那些喜歡美容化妝的女士和先生們，尤其有指導的現實意義。

每一個男性都希望自己是白馬王子，每一個女性更希望自己能傾國傾城，但老天並不總是慷慨大方、隨順人願，人間「不如意事常八九，可心人物難二三」。就女士而言，天生就是「白天鵝」畢竟不多。那些天生就是國色天香用不著人工修飾，「老天還她肌骨好，不塗胭脂也風流。」像唐代楊貴妃的三姨這樣的絕代佳人，被唐玄宗封爲虢國夫人。據說她從來不化妝，還認爲脂粉弄髒了她天然的容貌。即使去朝見唐玄宗也只是淡淡描一描眉。杜甫有一首題《虢國夫人》的詩說：

虢國夫人承主恩，平明騎馬入金門。
卻嫌脂粉污顏色，淡掃蛾眉朝至尊。

不過，大多數人所謂美人還不至於漂亮到「脂粉污顏色」的程度，她們仍然求助於化妝品給自己的臉蛋幫忙。但高明的化妝是顯不出化妝，有人工修飾卻不露人工痕跡，經過化妝而仍不失自然。

現在，給大家講一個古希臘兩位大畫家比畫技的故事，那些喜歡修飾的老兄和喜歡化妝的女士們也許能從中學到點啓示。故事說——才烏克西斯和巴爾哈西烏斯的畫都以逼眞見長，在雅典畫史上齊名。有一天，他們各自拿出自己最得意的傑作，在雅典的市民面前比賽繪畫技巧。才烏克西斯先登台，他手中夾一幅畫，外面用精緻的包袱包著。他當衆解開包袱皮，展示出他的畫，他畫的是一個小孩，頭上頂著一籃葡萄，站在田野中。那孩子活靈活現，眼睛似乎能說話；那葡萄在陽光下晶瑩欲滴。在公衆拍手喝彩之際，空中突然飛來兩只貪嘴的鳥，一下子撲到那畫面去啄那葡萄。於是，又是一陣更熱烈的掌聲和喝彩，才烏克西斯得意洋洋地走下台太。

輪到巴爾哈西烏斯獻畫了。觀衆不禁爲他捏一把汗；他有比才烏克西斯更妙的絕招嗎？可是巴爾哈西烏斯卻笑嘻嘻地，夾著一個裹著畫的包袱緩步走到台上。他把包袱往桌上一放，就若無其事地對著觀衆鬧眺。公衆急不可耐，拍手齊聲喊道：「快把包袱解開來呀！」巴爾哈西烏斯把手叉在腰際，依然微笑著，卻並不去解包袱。於是，有人生氣了，大叫聲：「畫家！快把包袱解開，拿出你的傑作來同他比呀！」巴爾哈西烏斯很平靜地指著他的畫說道：「諸君，我的畫並沒有用包袱裹，它早就擺在大家的面前了。請欣賞吧！」觀衆仔細一看，才知道他畫的原來就是一個包袱，他夾的正是他的畫。轟地一下人群沸騰了，千百雙受了他「欺騙」的眼睛閃耀著驚異的光芒，一致公認他的畫技比才烏克西斯更高。

能讓人賞心悅目，不造作，自然而然就是美了。

何必珠圍翠繞?

一個人應立身淳厚而不居於淺薄，外表樸實而不崇尚虛華，拋棄浮華而選擇平淡。

現在有些青年人以爲美就在於濃妝艷抹，甚至把高貴衣服和高級化妝品與美劃了等號，似乎沒有項鍊珍珠，沒有麗花絲寶，沒有新潮時裝，從此就與美沒有緣分了。這如果說不是誤解，就是愚蠢！

濃艷有時不僅沒有使女性明麗照人，反而使她顯得粗俗輕浮！翡翠項鍊有時並沒有把女性裝點得華貴典雅，卻只讓她顯得珠光寶氣，俗不可耐。一個人的美貌好比寶石，它在樸素背景的襯托下反而更華麗，所以，打扮並不華貴卻端莊宜人就格外叫人欽慕。

老子說：平淡是一種最高的美。一個人應立身淳厚而不居於淺薄，外表樸實而不崇尚虛華，拋棄浮華而選擇平淡。

三國時期，周瑜是吳國的三軍統帥，他的外表瀟灑而又樸實，程普說：「與周瑜在一起，就像飲醇酒一樣，不知不覺就自然醉了。」醇酒就是味道很厚的酒，上口時很平和，正由於它平和無刺激，飲酒的人以爲它沒什麼勁，容易多喝因而也容易醉人。

平淡也像醇酒一樣，表面上看起來樸素平淡，不修飾不華麗，不以鮮艷濃麗吸引人，但涵蘊卻深厚豐富，相處久了越看越有味。有些女性驟然之間並不引人注意，而見的次數越多就越吸引人；有些女性花枝招展，起初似乎是衆星捧月，但久而久之隨著新鮮感的消失，她的魅力也逐漸失去了。

當然，平淡不能淡而無味，否則，平淡就會滑向平庸。外表的平淡必須與內在的深厚結合在一起，這就能使一個人於樸素中見光華，在平淡處顯淸秀。和這種人相處近似於吃橄欖，初入口倒不覺得有什麼稀奇，但越咀嚼越有味道。

就像少說話容易顯出一個女性的溫柔文靜一樣，簡樸的裝飾也能顯出一個女性的淡雅。

至美則醜

過分求美反而達不到美的目的，過分看重自己的美反而弄得很醜；不避醜就不一定醜，怕露醜就必然醜定了。

春秋時，陽子出差來到宋國都城商丘，在一家豪華的旅館下榻。旅館主人相當富有，養了兩個年紀都很輕的妾，一個美得驚人，一個醜得嚇人。

那位美妾苗條修長，婀娜多姿，雙眸顧盼生輝，兩眉彎如新月，從烏髮到素足般般入畫。不僅容貌可人，而且能歌善舞。這樣美麗又加上如此聰慧，誰見了誰都忘不了她。

那位醜妾就別提了：皮膚黑而且粗，身材和雙手又粗又短。陽子不明白旅館這位闊氣的老板怎麼愛上了她。可是，他住了幾天後發現情況和他想像的完全相反，那位醜陋的妾受到旅館上下的人的尊敬，旅館老板也和她形影不離；而那位美妾則受到衆人的鄙視，老板對她似乎也不怎麼感興趣。

陽子大惑不解，他向旅館的一個服務員暗暗打聽其中的緣故，那位服務員不敢說直話，怕因此被老板炒了魷魚，只是很含蓄地對陽子說：「你再住兩天觀察一下就知道其中原因，何必向人打聽呢？」陽子更覺得蹊蹺，就留心觀察二妾。那美妾對美貌的自我意識太強，時時感到自己美如天仙，把所有人都看成醜八怪，那神情又冷漠又高傲，老想別人跪在她腳下仰慕她恭維她，那份驕矜之氣眞叫人受不了。

而那位醜妾自知外貌醜陋，她並不迴避自己生理上的缺陷，也不因此而自卑得抬不起頭，她待人接物謙恭隨和，對旅館中的服務員一律平等相待，從來不因爲自己與老板的關係而頤指氣使。

美妾自以爲壓過群芳，處處以美自炫自耀，因而大家由反感她到厭惡她，慢慢看不出她美在何處了；醜妾自謙其醜陋，爲人親切誠懇，人們反而忽略了她的醜陋，慢慢看慣了也就不覺得她醜陋了。人的美醜變化就這樣，內在的平和，外在的平易，此醜亦美；內心傲慢，外表冷漠，此美衆人也就望而避之。

企者不立

由老子的「企者不立」想到了俗話所說的「打腫臉充胖子」。這個成語一般是諷刺那些講虛榮得實禍，死要面子活受罪的社會現象。

老子在爲人處世上強調自然無爲，不管做什麼要因任自然的規律，不以人爲的方式去擾亂它；同樣，自然無爲也是他的審美標準，一切違背自然的必定就是醜陋的。

每個人都想做長子，這一點古今相同，中外不二。我國古代的文學作品中描繪美男子總離不開「高大」、「魁梧」、「身長八尺」之類的形容詞，貶醜男子總少不了「五短三粗」、「又矮又小」之類的字眼，讚揚美女喜歡用「修長」、「頎長」、「苗條」、「婀娜多姿」一類的詞藻，而「矮」、「胖」一類字眼照例是派給那些「灰姑娘」。

至於老子那個時代，小姐們找男朋友是否非得一米七五以上不可，現在當然不得而知，但男性的高大和女性的修長，無疑是美的一個重要條件，許多作品提到誰比誰美時，幾乎全都要提到高矮。當時大概不像現在這樣流行高跟鞋，於是，那些怕別人笑他「五短三粗」的矮子就喜歡踮起腳尖來。

老子挖苦這種違反自然的行爲說：「企者不立。」「企」就是踮起腳尖的意思。踮起腳尖者原本好高，但把雙腳踮起來反而站不穩、想做長子卻倒下去成了矮子，想遮醜卻更露醜。打腫臉的人肯定像我一樣瘦得像猴子，皺皮包瘦骨，打腫臉以後爲的是使自己紅潤豐滿，它目的與踮起腳尖更慘。踮起腳尖了不起就是倒在地上，打腫臉說不定發炎化膿，甚至會傷筋動骨，成了俗話所說的把眼紅治成了眼瞎，把跛子治成了癱子。

在現實生活中爲了好看而踮起腳來充長子，或者打腫臉來充胖子的極端事例當然罕見，但爲了美而弄得不美的例子卻比比皆是。

明星效應

很多人對明星常拜到失去了自己的程度，一步一趨、一舉一動、一言一行，都模仿自己心目中的偶像。

現代社會由於傳播手段的發達，廣播電視節目的普及，明星的風采幾乎每人都能看到，因而很容易形成「明星效應」。明星的髮型、體態、服飾，甚至一舉手一投足都成了某些星迷模仿的對象。看到外國男影星捲曲的頭髮很漂亮，於是我們這些生來是直頭髮的同胞，就跑到理髮店裡把自己的直髮燙彎；從電影裡看到外國的女影星穿牛仔褲很美，我們幾乎所有的女性都穿起了牛仔褲。當然，有不少老兄捲髮後增加了幾分瀟灑，但也有很多人頭髮弄彎了不男不女，那樣子叫人見了哭笑不得。有的女性穿上牛仔褲後，在女性的嫵媚之中又別具男性的灑脫，而有些女性穿這種褲子卻不倫不類，那模樣也叫人不敢恭維。

從形式上講，美在於各種因素的統一與和諧，一種髮型美不美、一種服裝中不中看，不能孤立地來談這個問題，同一種服裝張三穿起來可能中看，李四穿起來也許難看，這就要看這種款式和顏色的服裝與你的氣質、個性、體型、膚色是否和諧。有的小伙子宜於短平頭，有的小伙子宜於長捲髮，有的女性穿長裙則輕盈飄逸，有的女性穿起短褲則落落大方。一種髮型或服飾美不美，主要取決於它們與你的氣質、個性、體型等因素是否和諧。

可惜很多人不懂這個道理，對明星崇拜到失去了自己的程度，一步一趨、一舉一動、一言一行，都模仿自己心目中的偶像。有時明星抽什麼煙提什麼提包，自己也抽同樣牌號的煙提同樣款式的皮包，本來是爲了趕時髦結果卻成了笑柄。

美既然是各種因素之間的和諧，哪一種東西美不美就是因人而異，應時而變的，腐朽可以化爲神奇，神奇也可能化爲腐朽。莊子曾講過這樣一個故事——春秋末年越國的絕代佳人西施，在沒有被呈獻給吳王夫差之前，早已成爲村莊裡女孩模仿的對象。有一天，西施大概是著涼感冒，腹部疼痛，在人前捂著心窩皺著眉頭。她的鄰居中有個醜女孩見了，覺得那樣子好看極了，回去也學著她那樣子，在人前捂著心窩皺起眉頭。村裡的富人見後，緊閉著大門不出來，窮人見後帶著妻子走開，誰見了那樣子都噁心。

這個醜女只知道西施捂著心窩皺著眉頭的神態很美，卻不知捂心皺眉的神態爲什麼美，以致成了千百年來的笑料。後來人們爲了把這個醜女與西施相對，稱她爲「東施」，並且用「東施效顰」這個成語來譏諷那些不知人家好在哪裡，自己沒有條件卻胡亂學樣的人。古往今來，眞不知有多少「東施」。

麗人行

老子以自然無為為美，根本表現就在於個人人格的高尚和自由上，因而，在他看來外形的美並不能保證人格的高尚和自由，外形的醜同樣也不妨礙一個人內在精神的美。

老子生活的時代，美的東西與善的東西往往是分裂的，就是在今天美的與善的也不一定完全統一。《老子》第八十一章說：「信言不美，美言不信；善者不辯，辯者不善。」用我們今天的話來說就是：眞實可信的話是不美的，而那些漂亮話又不眞實可信；有道德的人不善於詞令，能言善辨的人又沒有道德。

不少儀表堂堂衣冠楚楚的傢伙，其實是一些醜惡不堪的流氓強盜。老子說：「農田到處一片荒蕪，全國四方的百姓都在鬧飢荒，但有些人還穿著錦繡的衣服，佩戴著閃閃發光的寶石，吃厭了美味佳餚，搜括了數不清的精美的珍寶，這些人就叫『強盜頭子』，多麼無恥呀！」（《老子》五十三章）

唐代偉大詩人杜甫有一首《麗人行》，描寫唐代楊貴妃姊妹三月三日在長安風景名勝曲江春游的情景。這幾位權傾一時的貴婦就容顏來說，實在是優雅華貴極了：「態濃意遠淑且眞，肌理細膩骨肉勻。」這兩句是說她姿容艷麗，嫻靜端莊，皮膚細膩柔嫩，身材苗條勻稱。她們的服飾呢？「綉羅衣裳照暮春，蹙金孔雀銀麒麟」，綾羅綢緞上還綉著金孔雀、銀麒麟，這些華艷的服飾與暮春的豔陽相互輝映。她們吃的什麼呢？「紫駝之峰出翠釜，水精之盤行素鱗。」翡翠色的鍋中煮著名貴的駝峰，水精盤子中盛著名貴的白魚。最後四句說：「楊花雪落覆白萍，青鳥飛去銜紅巾。炙手可熱勢絕倫，愼莫近前丞相嗔。」楊花壓在白萍上面，暗示了楊國忠與他的姐妹亂倫，青鳥銜紅巾暗示了他們姊妹之間的調情淫亂，炙手可熱寫楊貴妃兄妹驕橫氣焰，詩人在最後一句話說：「千萬別走上前去呀，丞相楊國忠正在與他姊妹們調情，丞相此時要是知道你瞧見了他們的內幕，還能輕饒你嗎？」美女、美服、美食，然而卻掩蓋不住他的腐朽、骯髒與醜惡。

她們那麼美麗，卻又那麼令人厭惡。像楊貴妃姊妹這樣的「麗人」，用美麗的軀殼包裹著醜惡靈魂的人，在今天是不是絕跡了呢？

像楊國忠的那樣八面威風，有權有勢卻無德無能的壞蛋，是不是只有唐代才會產生呢？

超越醜陋

人格和精神的美高於形體的美。

魯哀公有一天召見孔子說：「衛國有一個面貌長得奇醜的人，名叫哀駘它。可是，男人與他相處一段時間，就想與他在一起不分離，把家中年輕貌美的妻子涼在一旁。女人認識了他以後，馬上就纏著父母說：『與其做別人明媒正娶的妻子，我寧可去做哀駘它小妾。』這樣的女孩子在衛國不只是十幾個或幾十個。很少聽到他妙語驚人，只見他老是隨人應和而已；他沒有權勢去救濟別人的災難，也沒有錢財去塡飽別人的肚子，而且又以外貌的醜陋使天下見了都驚駭，他的口才不高，錢袋不滿，地位更低，可是女人男人都想親近他依附他，這必定有什麼不同於常人的地方。」

魯哀公見孔子不答話，又說：「我覺得很奇怪，於是召他來見我，果然，他的樣子醜得把我嚇了一跳。但是想不到和我相處不到一個月，我就覺得他有過人之處；相處不到一年，我就很信任他。這時國內正缺一個宰相，我就把國事委託給他，他卻對此冷淡得似乎不想接受，但又漫不經心地未加推辭。我當時眞慚愧得很，終於還是把國事委託給他。沒過多久，他就離開我走了。他一走我就像掉了魂似的，好像這麼大的衛國再沒有人與我共歡樂了，我整天在宮中悶悶不樂。你說說看，哀駘它這樣醜陋的人竟然贏得了這麼多人的親近、愛戴和信賴，這到底是什麼樣的原因呢？他又到底是怎樣的人呢？

孔子說：「我曾經到楚國去，正好看見一群小豬在剛死的母豬身上吃奶，一會兒都驚慌地離開母豬逃走。因爲母豬已經失去了知覺，不能像活著時那樣撫愛自己的後代。可見這群小豬之所以愛母親，不是愛母親的形體，而是愛她那主宰形體的精神。在戰場上戰敗而死的人，入葬時不用棺材；腳被砍斷了的人，不再愛惜原先的鞋子，這都是因爲它失去了根本。做天子的妃子就不穿耳環，爲的是保持形體的完整，何況比形體更重要的德性呢？現在哀駘它形體奇醜無比，但沒有開口就能取得別人的信任，沒有功業就贏得了別人的尊敬，國王把國政交給他還擔心他不肯接受，還是由於他沒有失去根本——精神，還保持了完整的德性。」

哀駘它之所以得到人們的愛慕，受到廣泛的信賴，是因爲人們愛他的德性未污，是愛他的人格和精神美，並因此忘記他外貌的醜陋。他內在的精神美壓倒和克服了他外表的醜。

人格和精神的美高於形體的美，否則，人就連美麗的對蝦和金魚也不如。

形殘神全

在現實生活中形體的醜陋容易引起人們的注意，而心靈的醜惡卻難於識別。

老子既然把自然無爲作爲美的本質，因而他把精神美看得高於外在形式的美。莊子在這一點上與老子完全一致，他寫了一大批形體殘缺，畸形和醜陋的人，如雙肩聳得高於頭頂面頰低到肚臍的支離疏、缺胳膊少腿的王駘、中徒嘉、叔山無趾，奇醜無比的哀駘它等。

形體的殘廢一點也沒有妨礙他們精神的自由，並以形殘神全而受到人們的喜愛。魯國有一個斷了腳趾的人名叫叔山無趾，用腳後跟走路去見孔子。

孔子對他十分冷淡，不痛不癢地說：「你早先做人不謹愼，犯了這樣大的過錯，以致自己的腳趾都被人砍了，現在再來請教怎麼來得及呢？」

無趾說：「我只因爲不識時務而輕用我的身體，所以才弄斷了腳趾。現在我之所以腳後跟走路來見你，是由於我覺得還有比自己腳趾更寶貴的東西，我得想盡一切辦法保全它。天無所不蓋地無所不載，我原先把先生當天地，哪裡知道你是這樣子啊！我萬萬沒有想到你竟然把一個人的形體看得比什麼都重要，以爲形一殘廢什麼都完了。」

孔子羞愧得滿臉通紅，一改開始時那副冷冰冰的態度，連聲說：「我實在淺陋。你爲什麼不進來呢？請說說你的高見？」叔山無趾掉頭走了。

孔子對他的弟子說：「弟子們要勉勵啊！叔山無趾是一個斷了腳趾的人，還努力求學以補過前非，何況形體沒有殘缺的人呢？

叔山無趾來到老子那兒，把見孔子的情形告訴了老子。

老子聽後說：「孔丘還沒有解除世俗的束縛，形體不全沒有什麼醜的，精神不全那才是醜呢！形體污了並不影響你成爲一個『完人』，德性要是污了那才是個名副其實的『殘廢』哩。」

叔山無趾滿意地對老子說：「先生這一番話像旭日的晨光，驅散了我心頭的重重迷霧，從您這兒我明白了：美與醜的界線，殘廢與完人的區別。」

在現實生活中，形體的醜陋容易引起人們的注意，而心靈的醜惡卻難於識別；人們只把身體殘缺的人稱爲「殘廢」，而把那些德性殘缺的人稱爲「完人」。美與醜竟然這樣混淆顛倒！

精神殘廢

假如我們兩眼只盯著別人形體上的醜，那我們自己就是一個精神上的殘廢，自己就變得醜惡無比了。

申徒嘉是一個斷了腳的跛子，與鄭國的執政大臣鄭子產一道在伯昏無人的門下求學。

鄭子產因師兄申徒嘉是個跛子，對他十分輕視，不願意與他一同出入，他對申徒嘉說：「你先出去，我就停下；我先出去，你就停下。」

到了第二天，他們又在一個教室裡同桌學習，下課時子產又對申說：「我先出去，你就停下；你先出去，我就停下。現在我要出去，你可以稍停一下嗎？你見了我這樣的執政大臣還不迴避，你想和我並肩而行，平起平坐嗎？」

申徒嘉說：「想不到先生的門下還有你這樣的大臣，你炫耀自己的地位而瞧不起人，你一邊上先生這兒求學修德，一邊又說出這樣的話來，不是太過分了嗎？」

子產說：「你這樣的殘廢人還想與我爲伍嗎？」

申徒嘉說：「一個人自己辯解自己的過錯，認爲不應當殘形的人很多，形既殘後不辯解自己的過錯，以爲自己不當全形的人很少。而我把形全和形殘看成毫無區別，主要培養自己德性的完全。以前別人拿我的殘廢取笑，我聽了非常生氣；自從到先生這裡求學以來，我聽到這樣的取笑就像沒有聽到一樣。我在先生門下已經十九年了，他從來沒有覺得我是個斷了腿的人。你把我的外貌、地位看得這樣重，你不以爲你的德性殘缺不全嗎？」

子產把頭低到了臍下，說：「請你不要再說了，醜惡的不是你而是我，我自己才是殘缺不全的人。」一方面，我們不應過分注重自己的外貌，過於追求外形美就會放棄自己內在美的修養，天天爲自己外表的美醜而苦惱，這樣自己的精神境界將越來越低下，最後可能把肉麻當有趣，拿醜惡當美麗。另一方面，對別人也不要用外貌的美醜作爲取捨的標準，有不少形體殘廢的人精神優雅而高尚，假如我們從這些人身上見不到美，兩眼只是盯著別人形體上的醜，那我們自己就是一個精神上的殘廢，自己就變得醜惡無比了。

始與終

克服困難要在它開始還比較容易時著手；實現遠大的事業要在它開始細微處進行；天下的難事一定開始於簡易；天下的大事一定開始於細小；因而聖人始終不做大事，所以才能成就大事業。

——《老子》六十三章語譯

事物還沒有開始顯出變化的跡象時，容易打它的主意；事物還微細時，容易打散；事物還處在脆弱階段時，容易消融。要在事物還未發生前把它辦完，要在事物還未混亂之前把它處理好。合抱的大樹由細小的萌芽成長，九層的高樓從一鏟鏟泥土築起，千里之遙的路程從腳下第一步開始。

——《老子》六十四章語譯

不管是人生還是事業，我們都希望能善始善終，就像做文章，既有一個使人叫絕的開頭，又有一個美妙結尾。人生之初的起步落在別人後面，就會造成後來的被動；事業的開端就遭到失敗，有時會造成不可彌補的損失，甚至會使整個事業無成。所以要爲自己的人生和事業寫下漂亮的第一筆。

開頭固然重要，結尾也不可忽視，老子特別強調「愼終如始」。不少人事業上的失敗就在於虎頭蛇尾，不少人的人生悲劇就在於不能善終，有些傑出的人物早年謙虛謹愼，晚年卻狂妄放縱乃至荒淫墮落，實在令人痛心。千萬別忘了給自己的人生和事業打上一個漂亮的句號。

閒話開頭

人生之初事業之始，好的開端對人的一生具有決定的意義。

俗話說「好的開始是成功的一半」，大廈要奠定牢固的基礎，優美的文章也要在下筆時寫出好的開頭，萬里行程要從腳下開始起步，長跑和短跑更要在起跑時搶先。因而，人生之初，事業之始，我們必須特別小心。這道理還像植樹，植樹的開始就必須使樹垂直端正否則樹長高以後就幹歪枝斜。

我國古代有「三歲之魂，百歲之材」的說法，民間也早就流傳「三歲知老」的諺語，好的開端對人的一生具有決定的意義。明代的思想家和教育家丘浚說：「人生之初的嬰兒，元氣還未離，天眞還未散，情竇還未開。這時的兒童就像一張沒有污染沒有筆跡的白紙，可以在上面寫下最優美的文章，也可以在上面畫上最優美的圖畫，可以把他塑造成爲各種理想的人材；這個時期如不加以教育輔導，使他養成了種種惡劣的品德和習慣，長大再去糾正改造就很困難了。小樹容易扶直，大樹只得任它歪斜。」俄羅斯的教育學家馬卡連柯也認爲：「教育的基礎主要是在五歲以前奠定的，它占整個教育的百分之九十。」現在的兒童心理學研究已經表明：對於人的心理形成來說：發展最快的時期出現在生命的最初五、六年裡。四歲時兒童智力已發展百分之五十，五至六歲是形成數的敏感期，四至五歲是培養兒童耐力的最佳時期。現在我國的年青夫婦把孩子的早期教育理解得太狹隘，以爲發展小孩的智力是教育的唯一內容，其實，小兒人格的健全、精神的和諧、意志的堅強，都是早期教育的重要部分。

人生之初的教育決定他們未來的發展前途，不能讓後代在未來激烈的競爭中，一開始就落在起跑線後面。

教育要在人生的開端著手，錯誤和疾病也要在開始時就根治。盜竊犯總是以偷雞蛋一類的小利上開始，懶漢也是從拖延或拖拉起步，肺結核開始僅僅是幾聲咳嗽，風濕性心臟病來於感冒傷風。偷雞蛋、拖拉、咳嗽、傷風，很容易改正或治療，讓它們惡性發展以後，再要對付它們就要花費成倍的精力，它們造成的損失也更大。

老子說：「事物在開始顯出變化跡象時容易打主意，事物還在細微階段時容易打散」，值得我們三思。讓我們萬事有個好的開頭！

難始於易

千里之堤，潰於蟻穴；萬丈高樓，焚於火星。最難的事總是從最易的事開始，最棘手的問題總是萌於最好處理的事物。

等千里之堤決口之後，再去堵漏洞就難了，而在堤潰之前堵塞蟻穴卻易於反掌；等到火勢燒到了樓頂，再去叫消防隊來滅火就晚了，而在火星剛成時將它滅掉卻不費吹灰之力。

事物還沒有露出明顯破壞性傾向時，容易防患未然；壞事還處在萌芽階段時，容易把它消除掉；危害還不嚴重時，容易找到補救的措施；災禍還沒有到來之前就要防備；事物還沒有混亂之前就把它理順。

這就是老子所說要慎於開始，任何事情在開始時處理事半功倍，也容易避免不幸的發生。災禍臨頭了再躲也來不及，事物已成一團亂麻就不可理清。

扁鵲是春秋時的名醫，是各諸侯要人的座上賓。一天他去見蔡桓公，兩人站著談了一會兒話，扁鵲就發現蔡桓公的身體有點不對勁，馬上對他說：「君侯有病，目前還在表裡，如不及時醫治的話，恐怕會向深處惡化。」

桓公大笑著說：「我哪有什麼病。」那樣子完全是一副金剛不壞的自信。

扁鵲出去以後，蔡桓公俏皮地說：「醫生就是喜歡給沒有病的人治病，用這種方法來炫耀醫術高明。」過了十天，扁鵲又見到蔡桓公說：「君侯的病已發展到皮膚下的肌肉了，如不馬上治療病情就會加深。」一見面又是說病！桓公老大不高興。

又過了十天，扁鵲又去找蔡桓公說：「君侯的病已深入了腸胃，如不馬上著手醫治，病情就會發展到不可收拾。」蔡桓公怪扁鵲太多事，把臉一沉不搭理他。

再過十天，扁鵲一見到蔡桓公轉身就跑了。蔡桓公覺得十分納悶，特地派人去問他何以逃跑，扁鵲說：「病在皮膚用熱水燙燙，用外藥敷敷就行；病在肌肉用金針和石針，也不難根治；病在腸胃喝幾付清火退熱的湯藥，也可以慢慢把病治好；病情已惡化到了骨髓，這只有老天才能妙手回春，人力對它就無可奈何了。蔡桓公的病已經深入骨髓，他再找我也無能為力了。」

沒有過五天，蔡桓公就全身發熱，高燒不退，疼痛難當，他再也俏皮不起來了，差人四處尋找扁鵲，而扁鵲此時已逃到了秦國。又挨過了五天，蔡桓公就一命嗚呼。良醫總不等到病入骨髓才治病，聰明人不會到大禍臨頭才提防。

一雙象牙筷子

能從細微之處看出事物的本質或結局，這才稱得上明智。

商紂王是中國歷史上有名的昏君，商朝的天下就葬送在他手裡。可在他登位之初，有幾人能預見到後來的悲慘結局？當時人們滿以為在這位精明國王的治理下，商朝的江山會堅如磐石，滿朝大臣無不歡天喜地，獨有紂王的叔父箕子悶悶不樂。一天，當紂王叫人用象牙做了雙筷子時，別人都覺得用這種筷子才符合國王的身份，也與宮廷的整個陳設相諧調，而箕子見姪兒用象牙筷子卻十分恐怖，許多人都感到莫名其妙，紛紛指責他是庸人自擾，箕子說：「紂王一旦用象牙做筷子，必定再不會用土制的瓦罐盛湯飯，肯定會改用犀角做成的杯子和美玉製成的飯碗；有了象牙筷子、犀牛角的杯子和美玉制的飯碗，難道還會用它來吃豆子菜葉煮的湯，還會再用這些餐具來吃粗茶淡飯嗎？國王飯桌擺的無疑是美食佳餚，象、旄、幼豹、駝蹄之類難得的珍品；既然已經使用象牙筷子、犀牛角杯子、美玉飯碗，又吃上了旄、象、幼豹、駝蹄之類的美食，必然不會再穿著短小的粗布衣，坐在簡陋的茅屋下用餐了，國王自然要穿起綾羅綢緞來，錦衣要一層套上一層，衣著既已由簡單樸素趨於高雅華貴，也必定會由茅屋陋室遷到富麗堂皇的宮殿，還要築起高台樓閣來取樂。這樣下去導致的結果眞叫人不敢想下去，所以見到事情的苗頭——由竹筷子改用象牙筷——我就感到不寒而慄。」

果然，後來的結局被箕子不幸而言中。不出五年，紂王變得好酒淫樂，以酒爲池，設糟爲丘，懸肉爲林，加重天下百姓的賦稅大興土木，四處搜集狗、馬、奇玩、珍寶，在沙丘這個地方建起苑林，把許多野獸蟲鳥放在其中，他與寵臣常常跑到那兒打獵消遣，又請樂師作出新的淫聲，成天與妲己一起聽靡靡之樂。本來紂王才思十分敏捷，見聞也很廣博，然而他卻把這些可貴的才智用錯了地方

——用如簧的巧舌來掩飾自己的過失，用過人的才智來拒絕大臣的忠言。不知多少忠臣義士在他手上送了命。不久，周武王也要了他的命，商王朝也跟著他一起壽終正寢。

把竹筷子換成象牙筷子，這對於一個國君來說是不值一提的瑣事，一般人也會認爲這樣做理所當然，而箕子卻從中看出了紂王滑向腐敗墮落的徵兆，認爲它是商王朝行將滅亡的開端，這就是老子所說的：「見小曰明。」

千里之行，始於足下

萬丈高樓、要一磚一瓦的砌成，千里之遙的路程，必須從腳下的第一步開始。

陳蕃是東漢末年一位很傑出的文人，爲當時士大夫中的名流，他說的話當時士人當作準則，他的行爲更是一時效仿的楷模。他見天下烽煙不息，山河分裂，生靈塗炭，慨然有澄清天下之志。這樣的抱負不可謂不大，立志也稱得上高遠，由於社會上層對他的呼聲很高，他自己當然也十分自負，因而，逃避一切人生的瑣事，任何凡人的平凡小事都懶得動手。他家裡灰屑和灰塵到處亂飛，蛛網把家俱和天花板連成了一體，實在是又髒又亂。很遠一個書生對他十分崇拜，特地慕名相訪，一進門見到他家這種糟糕的樣子覺得非常奇怪，問他說：「先生為什麼不把家裡掃一掃呢？」陳蕃慷慨激昂地說：「大丈夫應當為國家掃清天下，哪能為自己掃清家室呢？」那位書生不以為然地說：「你連自己家裡巴掌大的一塊地方也掃不清，怎麼有能力去掃清天下呢？」

陳蕃不是錯在有宏圖大志，而是不知道宏圖大志要從細小瑣事做起，要掃清天下先得掃清家室。

老子說：「兩人合抱的大樹，由細小的樹苗長成；九層的觀禮台，從一鍬一鍬的泥土築起；萬丈的高樓，要一磚一瓦地砌成；千里之遙的路程，必須從腳下第一步開始。」

偉大的事業要從瑣細的小事做起，傑出的人物好像從不做什麼了不起的大事，天天從事那些最細微繁雜的瑣事，所以才能成就大事。

要志存高遠，又要腳踏實地，從點滴小事做起。如果沒有宏圖大志，沒有高遠的目標，只是天天忙碌於瑣事，那樣的人生就會碌碌無為，久而久之就會成為一個庸人；如果只有遠大的志向，而不願意做艱苦的工作，那就會志大才疏，空泛而不切實際。荀子有一段話與老子上面所說的意思相同，而且同樣說得精彩，現在把這段名言摘錄如下：積土成為萬仞高山，風雨就從山裡興起，積水成為千潯深淵，蛟龍就會在這兒生長；積累平凡的好事就成為道德，精神因而得到昇華，智慧因而得到發展，聖人的思想境界就逐漸具備了。所以，不從一步一步開始，千里萬里的路程就走不到；不積細小的水流，浩瀚的江海就形成不了。駿馬一躍不能跳十步，駑馬拉著車走上十天，所跑的路程就非常可觀，它成功的秘訣就在於一步一步地走下去。從事雕刻的情況也是一樣，如果刻幾下就扔開，連朽木也雕不成，如果勤勤懇懇地刻下去，金石也刻成漂亮的圖案。

跨者不行

老子是生活的有心人，他把那種輕躁求速，好高騖遠的現象歸納成「企者不立，跨者不行」兩句名言。

出門趕路誰都想走快一點，但如果違背了自然規律，跨步前進就必然事與願違——既走不快也走不遠。跨大步跳躍偶一次兩次還行，但要是一直跨步跳下去，那非得摔倒不可。

孟子曾經講過一個故事，說宋國有一個農夫看到別人田地裡的莊稼一天變一個樣，他自己地裡的苗老是那麼高，夜晚急得連覺也睡不安穩。一天，他興沖沖地跑到田地裡，把每棵苗都拔高些，儘管累得滿頭大汗，但抬頭看看拔過的苗一天就變高了二三寸，心裡甜滋滋的，認爲他發現了一個十分快速地幫助禾苗生長的方法。拔完了苗回到家裡，洋洋得意地對妻子兒女說：「今天我算是累壞了，我幫助禾苗長高了！」他的兒子心裡很納悶，問他說：「你是怎麼幫助禾苗生長的啦？」他把頭昂向天說：「你到田地裡去看看就知道！」他兒子急忙跑到地裡一看，禾苗全都枯萎了。在生活中「跨步前進」、「揠苗助長」的事太多了。

羅馬不是一天造成的，這本是自明的道理，但許多人偏不信邪，爲了求快求速做出許多叫人啼笑皆非的事來。有位在大學念數學的學生，看到徐遲的《哥德巴赫猜想》這篇報告文學後，想自己搶先摘下這顆數學皇冠上的明珠，生怕耽擱了時間讓陳景潤這個書呆子再出風頭，他幾乎大部分數學基礎課都不去聽講，一天把自己泡在圖書館裡，最後吃不香也睡不甜，弄得昏頭昏腦糊里糊塗，德國那位已死的哥德巴赫叫中國這位活著的大學生吃夠了苦頭：到頭來他不僅沒摘下數學皇冠上的這顆明珠，反而連本科畢業文憑也沒拿到手，因爲他有四科必修基礎課不及格。

勇氣

每從事一項事業首先需要的是勇氣，沒有勇氣就必然不能從事這項事業。

英國哲學家培根曾經說過：「在現實事業中頭等重要的是什麼？回答顯然是：第一，勇氣；第二，勇氣；第三，還是勇氣。」

不過，光有勇氣也辦不成事。無所畏懼的勇氣往往來於對所從事的事業的愚昧無知，是盲目和輕率雜交的產兒，沒有充分估計到事情的艱難，取這種態度的人事前常說：「這還不容易！」事情還沒做成就瞎吹牛皮。當然，事情並不會因為狂人的輕視就真的變得容易起來，完成它的困難也不會嚇得躲起來。如果事前完全忽略了事情的難度，一碰到釘子就傻了眼，馬上由狂妄變為怯懦，由無所畏懼變得畏首畏尾。

老子說：「事前把事情看得過於容易，勢必遇到更多的麻煩，傑出的人物事前仍然重視困難，所以他們最終能免於困難。」老子到底是不可及的智者。

最可貴的處事態度是：事前充分估計到事情的難度，同時又不為困難所嚇倒，而是積極地面對困難，找到克服困難的辦法，這樣才可避免有勇無謀的輕率狂妄，才眞正稱得上「勇氣」。就像一個經驗豐富的軍事家那樣，在戰略上藐視敵人，在戰術上又重視敵人。在整體上藐視困難，就有一往無前的勇氣，在具體行動上重視困難，就會把所有困難克服掉，並最終免於困難。

愼終如始

人們所從事的事業，往往在快要成功的時候失敗的。假如在工作結束時還能像開始時那麼愼重，就不會有失敗的事情發生了。

剛剛買來一輛自行車的時候，車主騎不上半月就要擦幾次；等到騎上了幾個月以後，就幾個月才擦一次；再等到騎了幾年以後，就幾年也懶得擦一次了。

同樣的情形在我們的生活和工作中常常遇到。我認識一位汽車司機，他此刻正待在大牢的鐵窗裡。這位老兄剛開車時，工作既十分賣力又非常謹愼，從來不開魯莽車。儘管平日見酒忘命，但開車前從來酒不沾唇；雖然他喜歡和人擺龍門陣，但開車時從不與任何人聊天，連續幾年一直是個優良駕駛。想不到慢慢他對工作馬虎大意起來，出車前後都少不了要飲幾杯，經常超速行駛。車走動了在駕駛座裡他也與人天南地北地神侃起來。老實說，他駕駛技術本來比前幾年嫻熟多了。然而，大概是嫻熟得有些過頭了——他酒中行車時竟然在車上東倒西歪地打起盹來，把車開到了路旁一位老人的身上，由優良駕駛變成了監獄裡的囚犯。

我們來聽聽老子的告誡吧：「人們所從事的事業，往往是在快要成功的時候失敗的。假如在工作結束時還能像開始時那麼愼重，就不會有失敗的事情發生了。」

現代心理學證實了老子這一名言。世界上多數偉大的科學家，其智力與我們這些凡人並沒有什麼兩樣，他們成功的秘訣是具有超越凡人的非智力因素：強烈的事業心，吃苦耐勞的幹勁，尤其是持之以恆的毅力和善始善終的精神。

追求的目標越遠大，所要付出的勞動就越多，所要進行的時間也越長，而且，有些工作越到後來難度越大。開始完成的多是些外圍或簡單的工作，到接近尾聲時剩下的都是些硬骨頭，這時就更需要熱情、耐力和毅力。但事業上的可悲和不幸往往就出在這兒：許多人在事業開始時勁頭十足、熱情也高、精力集中，隨著困難的增大和時間的拖長，越到後來就越氣餒，越到最後就越粗心，事情快要辦成了卻甩手不幹了。就像爬山的人快要到達無限風光的頂峰，卻因腰酸腿疼而突然止步，轉臉向山下逃去。多可惜！

笑到最後

我們每人都是用一聲啼哭來向這個世界報到的，讓我們用滿面笑容與這個世界告別吧！

擊拳比賽時，對手雙方開始是明來明去的較量，慢慢雙方都想暗地裡傷害對方。打麻將開始是大家在一起尋開心，輸了幾著以後就開始怒目而視甚至拳腳相向，由開心變成了傷心。許多情人或夫妻起初愛得死去活來，最後兩人都恨得咬牙切齒；有的人年青時是時代弄潮兒，到老來卻成了歷史的絆腳石……人類諸如此類笑著出去哭著回來的事舉不勝舉，看來，好的開頭不容易，好的結局就更難，所以英國人說：「誰笑到最後誰笑得最好。」

中國從古至今沒有笑到最後的名人很多。我們把目光轉向千年以前的唐代。唐玄宗在一般人心目中只是個愛女人的風流皇帝，很少人知道「開元之治」的盛唐氣象是在他手中出現的。他在位的前二十年刻苦自勵，勵精圖治，任賢臣，遠小人，文治武功在中國封建社會中算得上是輝煌的，政治清明，國力強大，經濟繁榮，文化發達，中國最偉大的詩人李白、杜甫都是他那個時代培育出來的。可悲的是到了晚年，他驕奢淫逸，張九齡等忠直之臣一個個被貶斥，像李林甫這種口蜜腹劍、楊國忠這樣平庸敗壞的小人在朝廷飛揚跋扈、釀成了安史之亂，他自己失掉了愛妃，丟掉了皇冠，唐王朝從此一蹶不振，由英明之主變成荒淫之君，由萬民歡呼變爲世代嘲笑。

唐代立國之初，一代名臣魏徵就告誡唐太宗說：「古今的君主，開始做得好的倒是很多，能始終如一的卻數不出幾個。」唐太宗也許算得上始終如一的皇帝，早年十分節儉，晚年也不敢奢侈；前期能虛心納下，後期仍不剛愎自用。可惜，中國像唐太宗這樣的皇帝太少了。

就常情而言，青年時屬於創業階段，一般人都能夾著尾巴做人，進入老年以後有的理想變成了現實，就容易毫無顧忌地放縱自己；即使那些壯志成空的失敗者也覺得再用不著謹慎。常言說「老醜，老醜」，老了不僅皮膚上出現了條條皺紋，在精神上也容易露出般般醜態。只有像老子這樣的偉人，老來才不斷地清洗身上的暮氣，不斷地解剖自己，他的晚年恰如銜山的夕陽，紅霞滿天，光彩耀目。我們每人都是用一聲啼哭來向這個世界報到的，讓我們用滿面笑容與這個世界告別吧！

老子的人生哲學—自然人生　中國人生叢書 3

著　者／戴健業
出　版／揚智文化事業股份有限公司
發 行 人／葉忠賢
責任編輯／賴筱彌
執行編輯／黃美雯
地　址／台北市新生南路三段 88 號 5 樓之 6
電　話／(02)2366-0309　2366-0313
傳　真／(02)2366-0310
登 記 證／局版北市業字第 1117 號
印　刷／偉勵彩色印刷股份有限公司
法律顧問／北辰著作權事務所　蕭雄淋律師
初版三刷／1996 年 3 月
定　價／新臺幣：250 元

本書如有缺頁、破損、裝訂錯誤，請寄回更換
ISBN／957-9091-67-6（第 3 冊）
E-mail：tn605541@ms6.tisnet.net.tw
網址：http：//www.ycrc.com.tw

國立中央圖書館出版品預行編目資料

老子的人生哲學：自然人生／戴健業著. --
初版. --臺北市：揚智文化，1994〔民83〕
面；公分. --（中國人生叢書；3）
ISBN 957-9091-67-6（平裝）

1.（周）李耳－傳記 2.人生哲學

782.815 83004926